Choisissez votre WoW!

Une approche de l'Agilité Maîtrisée pour optimiser votre façon de faire

Deuxième édition

Scott W. Ambler

Mark Lines

Une demande de données de catalogage avant publication de la Bibliothèque du Congrès a été déposée.

Noms : Ambler, Scott W., 1966- auteur. | Lines, Mark, 1964- auteur.
Titre : Choisissez votre wow! Une approche de l'agilité maîtrisée pour optimiser votre façon de faire / Scott W. Ambler, Mark Lines.
Description : deuxième édition. | Newton Square, Pennsylvanie, États-Unis : Project Management Institute, Inc., [2022] | Inclut les références bibliographiques et l'index. | Résumé : « Des centaines d'organisations du monde entier ont déjà profité du Développement Agile Maîtrisé (Disciplined Agile Delivery ou DAD). Disciplined Agile® (DA ou l'Agilité Maîtrisée) est la seule boîte à outils complète comportant des conseils pour constituer des équipes Agile hautement performantes et optimiser votre WoW (« Way of Working » ou façon de faire). DA associe les approches Agile, Lean et traditionnelles afin de proposer des centaines de techniques qui vous aident à prendre de meilleures décisions au sein de vos équipes Agile, en conciliant l'auto-organisation avec les réalités et les contraintes du contexte propre à votre entreprise. »-- fourni par l'éditeur.
Identifiants : LCCN 2021062503 (print) | LCCN 2021062504 (ebook) | ISBN 9781628257540 (paperback) | ISBN 9781628257557 (ebook)
Thèmes : LCSH: développement de logiciels Agile. | Management de projet. | Équipes sur le lieu de travail.
Classification : LCC QA76.76.D47 A42525 2022 (print) | LCC QA76.76.D47 (ebook) | DDC 005.1/112--dc23
Registre de la Bibliothèque du Congrès disponible à l'adresse https://lccn.loc.gov/2021062503
Registre des livres électroniques de la Bibliothèque du Congrès disponible à l'adresse https://lccn.loc.gov/2021062504

ISBN: 978-1-62825-764-9 (édition française)

Publié par : Project Management Institute, Inc.
14 Campus Boulevard
Newtown Square, Pennsylvania 19073-3299 USA
Téléphone : +1 610 356 4600
Fax : +1 610 356 4647
E-mail : customercare@pmi.org
Site Internet : www.PMI.org

Pour passer une commande ou demander des informations sur les prix, merci de contacter l'Independent Publishers Group :

Independent Publishers Group
Order Department
814 North Franklin Street
Chicago, IL 60610 USA
Téléphone : 800 888 4741
Fax : +1 312 337 5985
E-mail : orders@ipgbook.com (pour les commandes uniquement)

Avant-propos

Tous les modèles sont faux, mais certains sont utiles.
-George Box, 1978

Vous êtes exceptionnel. Vous êtes un flocon de neige merveilleux et unique. Tout comme votre famille, vos amis, votre communauté, votre équipe, vos pairs, vos collègues, votre secteur d'activité et votre organisation. Aucune autre organisation n'a les mêmes groupes de personnes, les mêmes normes comportementales, les mêmes processus, le même état actuel, les mêmes obstacles, la même clientèle, la même marque, les mêmes valeurs, la même histoire, le même folklore, la même identité, ni la même façon de faire que la vôtre.

Le comportement de votre organisation est émergent. Le tout est plus grand que la somme des parties ; le tout a des propriétés uniques que les individus ne possèdent pas. Agir dans l'espace change l'espace. Les comportements individuels et collectifs évoluent et s'auto-organisent à partir d'un événement déclencheur de changement. Les interventions sont irréversibles, tout comme lorsqu'on verse un nuage de lait dans son café. Le système change. Les personnes n'oublient ni ce qui s'est produit ni les conséquences. Le système apprend. La prochaine fois, la réponse au changement sera différente, pour le meilleur ou pour le pire, à la lumière de ce qui s'est produit auparavant et en fonction de mesures incitatives. Non seulement vos contextes sont uniques, mais ils évoluent aussi constamment et changent dans leur manière d'évoluer.

Face à cette singularité, à cette émergence et à cette adaptation, il est impossible d'avoir un seul ensemble de pratiques qui optimisera les résultats de chaque contexte. Un ensemble de pratiques ne pourrait améliorer les résultats que d'un contexte à un moment donné. À mesure que le système change au fil du temps avec de nouveaux obstacles et catalyseurs, il ne sera plus optimal. Il n'existe pas de solution unique et universelle. La poudre de perlimpinpin n'est qu'une légende. Votre organisation a des dizaines, des centaines, voire des milliers de contextes dans des contextes, et chacun est unique en son genre. L'application d'une solution universelle dans de nombreux contextes peut soulever quelques bateaux. Néanmoins, elle en fera couler certains et en empêchera de nombreux autres de monter.

Les pratiques sont importantes, tout comme la façon dont elles sont adoptées. Pour que l'amélioration soit durable et pour appliquer un état d'esprit Agile à l'agilité, le contrôle doit être interne. Les personnes ont besoin d'une autonomie guidée par des garde-fous afin de pouvoir expérimenter et d'améliorer les résultats souhaités. L'alignement et l'autonomie à un degré élevé sont tous deux nécessaires. Exit l'imposition descendante, qui limite les moyens, avec un contrôle externe. Avec l'imposition, les personnes ne se sentiront pas responsables de la situation, et agiront sciemment de manière préjudiciable, un comportement appelé « état agentique ».

Disciplined Agile® (DA™ ou l'Agilité Maîtrisée) est conçue pour tenir compte de ces réalités, des caractéristiques de singularité, d'émergence et d'adaptation. L'Agilité Maîtrisée fournit des garde-fous, des orientations et une sensibilité aux enjeux de l'entreprise. Elle est unique à cet égard. L'Agilité Maîtrisée propose un vocabulaire commun, des garde-fous viables a minima, qui favorisent l'autonomie des équipes et des équipes d'équipes pour leur permettre d'améliorer leurs résultats comme elles l'entendent, avec un contrôle interne. Par exemple, tout le monde ne devrait pas suivre une approche basée sur l'itération, synchronisée et imposée. D'après mon expérience, dans une grande organisation avec plusieurs contextes, les itérations synchronisées conviennent à un contexte (par exemple, un grand nombre d'équipes travaillant sur un produit avec un faible niveau de maîtrise et des dépendances n'ayant pas été éliminées ou atténuées), mais pas aux 99 autres. Ce n'est pas l'application d'un état d'esprit Agile à l'agilité. Certains secteurs d'activité ont tout intérêt à adopter une approche Kanban dès le départ, en particulier s'ils baignent dans une culture où les personnes qui soulèvent les problèmes sont systématiquement blâmées. En matière d'avancée, l'évolution a une chance de l'emporter sur la révolution. La révolution sera mise à l'épreuve : faute de sécurité psychologique, les anticorps seront efficaces. Certains secteurs d'activités, dans lesquels les personnes travaillent ainsi au sein d'îlots d'agilité depuis plus de 20 ans avec une sécurité psychologique, peuvent choisir de suivre une approche plus révolutionnaire, étant donné que le sol est plus fertile, les personnes sont plus volontaires et les échecs d'expérimentation sont perçus comme positifs.

L'Agilité Maîtrisée propose une approche hétérogène, et non homogène, au sein d'organisations complexes et diversifiées. Elle inclut les principes « Pouvoir choisir, c'est bien », « Le contexte est important », et « Être sensible aux enjeux de l'entreprise ». Elle favorise la rigueur nécessaire aux organisations, sans forcer la main. L'Agilité Maîtrisée propose non seulement un vocabulaire commun, mais aussi des options à prendre en considération selon votre contexte unique avec divers niveaux de maîtrise, à travers les objectifs de processus. Pour cela, les personnes doivent réfléchir au lieu de suivre les ordres, s'approprier les processus et les expérimenter afin d'obtenir des résultats spécifiques, et non viser l'agilité sans raison. C'est plus difficile que de se conformer à une prescription ou à un *diktat*. Cela nécessite un servant leadership et un coaching, comme cela se fait pour apprendre à conduire, à skier, à jouer d'un instrument, à faire partie d'un orchestre ou à pratiquer un sport collectif. Étant donné qu'il n'existe pas de solution universelle ni de prescription (par exemple, copier le « Modèle Spotify » à l'échelle de l'entreprise, que même Spotify® considère ne pas être un modèle, est une erreur), cette approche contextuelle d'invitation plutôt que d'imposition présente plusieurs avantages : elle permet d'obtenir de meilleurs résultats, elle est plus susceptible d'être retenue, puisqu'elle vient de l'intérieur, le contrôle est interne, et elle est assumée. Personne d'autre n'est responsable, personne ne maintient artificiellement l'élastique tendu. Elle commence par bâtir la musculature de l'amélioration continue.

Avec l'Agilité Maîtrisée, les équipes sont libres de choisir d'adopter Scrum, à savoir un modèle Scrum à l'échelle comme LeSS, SAFe°, Nexus° ou Scrum à l'échelle, ou d'adopter une approche de travail en cours limité en flux tiré et évolutive, afin d'optimiser leurs résultats dans leur contexte unique : #touslescadresdetravail, et non #pasdecadredetravail ou #uncadredetravail. Dans une organisation, DA fournit les éléments communs viables a minima, ainsi que des conseils nécessaires à toutes les entreprises sauf les plus simples.

Vos attentes vis-à-vis de l'Agilité Maîtrisée consistent à avoir accès à des approches hétérogènes et contextuelles de l'agilité qui maximiseront vos résultats à l'échelle de l'organisation. À l'instar de toute chose dans la vie, voyez cela comme un point de départ et non une destination. À mesure que le niveau de maîtrise de votre organisation augmente, continuez d'inspecter et de vous adapter. Ce livre est un guide indispensable pour tous ceux qui cherchent à optimiser leur façon de faire dans des organisations hétérogènes.

Jonathan Smart @jonsmart
Responsable Agilité d'entreprise, Deloitte
Ancien directeur chargé des « Ways of Working », Barclays

Préface

Le développement logiciel est extrêmement simple. D'ailleurs, on pourrait ajouter qu'il s'agit très probablement du projet le plus simple qu'une organisation moderne ait à mener. Le développement logiciel nécessite très peu de compétences techniques et peu, voire pas du tout, de collaboration de la part des développeurs. C'est si banal et répétitif que quiconque peut créer un logiciel à partir d'un processus simple et reproductible. Les quelques techniques de développement logiciel établies et convenues depuis plusieurs décennies sont facilement assimilables en seulement quelques jours, mais aussi bien acceptées et connues de tous les professionnels de ce domaine. Nos parties prenantes peuvent communiquer clairement leurs besoins au début du cycle de vie. Elles sont facilement accessibles, déterminées à collaborer avec nous et ne changent jamais d'avis. Les logiciels et les sources de données créés auparavant sont de haute qualité, faciles à comprendre et à faire évoluer, mais aussi sont accompagnés de tests de régression automatisés et de documents d'appui de qualité supérieure. Les équipes de développement de logiciels sont constamment maîtresses de leur destinée, et sont soutenues par une gouvernance d'entreprise, un approvisionnement et des pratiques financières efficaces qui reflètent et favorisent nos réalités. Et, évidemment, il est facile de recruter et de retenir des développeurs de logiciels talentueux.

Malheureusement, très peu d'éléments, voir aucuns, cités dans le précédent paragraphe ne sont un tant soit peu comparables à la situation à laquelle votre organisation fait face aujourd'hui. Le développement logiciel est complexe. Les environnements de travail des développeurs de logiciels sont complexes. Les technologies que nous utilisons dans notre travail sont complexes et évoluent constamment. Les problèmes que nous devons résoudre sont complexes et changeants. Il est temps d'accueillir cette complexité, d'accepter la situation à laquelle nous faisons face, et de choisir de l'affronter.

Pourquoi lire ce livre

Selon l'un des principes Agile, une équipe doit régulièrement réfléchir aux moyens d'améliorer sa stratégie. Le jeu de la rétrospective du voilier est un moyen d'y parvenir. Il consiste à se demander quelles sont les ancres qui nous retiennent, de quels récifs ou orages nous devons nous méfier, mais aussi quel est le vent qui souffle dans nos voiles et nous dirigera vers la réussite. Jouons à ce jeu avec l'état actuel du développement de produit Agile dans le contexte d'une personne (imaginons que ce soit vous) qui espère aider son équipe à choisir et à faire évoluer sa façon de faire (« Way of Working » ou WoW).

Tout d'abord, il y a plusieurs points qui pourraient nous retenir.

1. **Le développement de produit est un processus complexe.** Notre métier est complexe. C'est la raison pour laquelle nous sommes des professionnels bien rémunérés. Notre WoW doit indiquer comment aborder les exigences, l'architecture, les tests, la conception, la programmation, le management, le déploiement, la gouvernance, et bien d'autres aspects du développement de logiciel/de produit de multiples façons. Elle doit également décrire comment procéder tout au long du cycle de vie, du début à la fin, et traiter la situation unique de notre équipe. À bien des égards, ce livre témoigne des complexités auxquelles se heurtent les développeurs logiciels. En outre, il fournit une boîte à outils contextuelle et flexible pour y remédier.

2. **Complexe agile-industriel.** C'est lors d'une conférence organisée à Melbourne en août 2018 que Martin Fowler a inventé l'expression « complexe agile-industriel » [Fowler]. Il soutient que nous sommes entrés dans l'ère du complexe agile-industriel, avec des cadres de travail normatifs imposés régulièrement aux équipes mais aussi à l'ensemble de l'organisation, sans doute pour donner à la direction un minimum de contrôle sur cette bizarrerie d'agilité. Dans ces environnements, un ensemble de processus définis par le cadre de travail choisi sera désormais « déployé », qu'il ait un sens ou non pour votre équipe. Nous déployons ceci, vous l'aimerez, vous vous l'approprierez, mais n'espérez pas le changer ou l'améliorer, car la direction souhaite « limiter la variabilité des processus de l'équipe ». Comme le conseille le modèle Cynefin, vous ne pouvez pas résoudre un problème complexe avec une solution simple [Cynefin].

3. **La croissance d'Agile a largement dépassé l'offre des coaches expérimentés.** Bien qu'il existe d'excellents coaches Agile, ils ne sont malheureusement pas assez nombreux pour répondre à la demande. Les coaches efficaces possèdent de grandes aptitudes relationnelles et des années d'expérience, pas simplement quelques jours de formation, dans leur domaine d'intervention. Dans bon nombre d'organisations, des coaches apprennent sur le tas, à la manière de professeurs qui lisent un chapitre d'avance sur leurs élèves. Ils sont capables de résoudre des problèmes simples, mais ont du mal avec tout ce qui va au-delà de ce que leur imposent les processus du complexe agile-industriel.

Par ailleurs, il convient de se méfier de plusieurs aspects qui pourraient entraîner notre échec.

- **Les fausses promesses.** Vous avez probablement entendu des coaches Agile affirmer atteindre une productivité 10 fois supérieure grâce à l'adoption d'une approche Agile, sans pouvoir fournir de métriques à l'appui. Peut-être avez-vous lu un livre dont le titre revendique que Scrum vous permet de faire le double en moitié moins de temps [Sutherland]. Pourtant, il s'avère que des organisations enregistrent en moyenne des améliorations de 7 à 12 % pour les petites équipes et de 3 à 5 % pour les équipes travaillant à l'échelle [Reifer].

- **Plus de balles en argent.** Comment tue-t-on un loup-garou ? Avec une seule balle en argent. Au milieu des années 1980, Fred Brooks nous a appris qu'aucun changement à apporter dans le domaine du développement logiciel, aucune technologie à acheter, aucun processus à adopter, ni aucun outil à installer ne nous donnera le degré d'amélioration de la productivité espéré [Brooks]. Autrement dit, il n'existe aucune balle en argent pour le développement logiciel, quelles que soient les promesses des programmes de formation vous promettant de devenir « master certifié » au bout de 2 jours, consultant en programme au bout de 4 jours ou toute autre solution miracle. Il vous faut des personnes compétentes, informées et expérimentées qui travaillent ensemble de manière efficace.

- **Le populisme des processus.** Nous rencontrons souvent des organisations où, lorsqu'il s'agit de processus logiciels, la direction résume ses décisions à « demander à un cabinet d'analyse spécialisé ce qui fait la tendance actuelle » ou « ce qu'adoptent leurs concurrents » au lieu de savoir ce qui est le mieux adapté à leur situation. Le populisme des processus se nourrit de fausses promesses et de l'espoir de la direction de trouver une balle en argent pour les défis considérables liés à l'amélioration des processus de son organisation. La plupart des techniques et des cadres de travail Agile sont normatifs, quelles que soient leurs revendications marketing ; normatif signifie que vous disposez de quelques techniques sur les milliers existantes, sans les options explicites pour les adapter. Nous comprenons qu'un grand nombre de personnes veulent simplement qu'on leur dise quoi faire. Or, sauf si cette technique/ce cadre de travail résout votre problème, l'adopter ne sera probablement pas d'une grande utilité pour votre situation.

Heureusement, il y a plusieurs « vents dans nos voiles » qui nous poussent à lire ce livre.

- **Il tient compte de votre singularité.** Ce livre reconnaît que votre équipe est unique et fait face à une situation unique. Plus de fausses promesses d'un processus « universel » dont l'adoption s'accompagne de perturbations importantes et risquées.
- **Il tient compte de la complexité affrontée.** Disciplined Agile® (DA™ ou l'Agilité Maîtrisée) témoigne efficacement des complexités auxquelles vous faites face, et propose une représentation accessible afin de vous aider à orienter vos efforts d'amélioration des processus. Halte aux techniques de la balle d'argent ou aux cadres de travail de processus simplistes qui occultent les nombreux défis se dressant devant votre organisation, autrement cela ne correspondrait pas vraiment à la formation permettant d'obtenir la certification.
- **Il propose des choix explicites.** Ce livre vous fournit les outils nécessaires pour prendre de meilleures décisions concernant les processus et ainsi obtenir de meilleurs résultats. Pour résumer, il permet à votre équipe de s'approprier son processus et de choisir sa façon de faire (WoW) qui suit la direction générale de votre organisation. Ce livre présente des techniques et pratiques éprouvées afin d'être guidé par l'amélioration continue. Il s'agit d'une stratégie collective d'amélioration des processus, plutôt qu'une adoption naïve d'un « processus populiste ».
- **Il fournit des conseils agnostiques.** Ce livre ne se limite pas aux conseils d'un seul cadre de travail ou d'une seule technique. D'ailleurs, il ne se limite pas non plus à Agile et à Lean. Notre philosophie est de chercher de grandes idées, quelle que soit leur source, et de reconnaître qu'il n'y a pas de meilleures (ni de pires) pratiques. Lorsque nous apprenons une nouvelle technique, nous nous efforçons de comprendre ses forces et ses faiblesses ainsi que les situations dans lesquelles l'appliquer ou non.

Lors de nos formations, nous recueillons souvent des commentaires, notamment « J'aurais aimé le savoir il y a 5 ans », « J'aimerais que mes coachs Scrum disposent de ces informations aujourd'hui » ou « En allant à cet atelier, je pensais tout connaître du développement Agile, mais j'avais tort ». Vous allez certainement ressentir la même chose à propos de ce livre.

Comment se présente ce livre

Ce livre comprend sept chapitres.

- **Chapitre 1. Choisir sa WoW !** Présentation de la boîte à outils de l'Agilité Maîtrisée (« Disciplined Agile » ou DA).
- **Chapitre 2. Faire preuve de maîtrise et de rigueur.** Valeurs, principes et philosophies des agilistes.
- **Chapitre 3. Présentation succincte du Développement Agile Maîtrisé.** Présentation du Développement Agile Maîtrisé (« Disciplined Agile Delivery » ou DAD), la partie développement de solutions de la boîte à outils DA.
- **Chapitre 4. Rôles, droits et responsabilités.** Réflexion sur les individus et les interactions.
- **Chapitre 5. Objectifs de processus.** Comment se concentrer sur les résultats de processus au lieu de se conformer aux prescriptions de processus afin que votre équipe dispose d'une approche adaptée au besoin.
- **Chapitre 6. Choisir le cycle de vie approprié.** Comment les équipes peuvent travailler de manière unique, tout en étant dirigées de manière cohérente.
- **Chapitre 7. Réussir grâce à la rigueur.** Que faire ensuite ?

À la fin de ce livre se trouvent évidemment des références, une liste des abréviations et un index.

À qui s'adresse ce livre

Ce livre s'adresse aux personnes qui souhaitent améliorer la façon de faire (« Way of Working ») de leur équipe, aux personnes qui sont prêtes à penser autrement qu'Agile et à expérimenter de nouvelles WoW, indépendamment de leur degré d'adhésion à Agile, aux personnes comprenant que le contexte est important, que tout le monde fait face à une situation unique et travaillera à sa manière, et qu'il n'existe pas de processus universel, mais aussi aux personnes se rendant compte que, malgré leur situation unique, d'autres ont été confrontées à des situations similaires et sont parvenues à élaborer des stratégies que vous pouvez adopter et adapter. En effet, vous pouvez réutiliser les apprentissages des autres sur les processus et ainsi déployer votre énergie à ajouter de la valeur métier indispensable à votre organisation.

Notre objectif en rédigeant ce livre est de vous donner un aperçu de l'Agilité Maîtrisée et plus précisément de sa partie Développement Agile Maîtrisé.

Remerciements

Nous souhaiterions remercier les personnes suivantes pour leur contribution et leur aide dans la rédaction de ce livre. Sans vous, nous n'y serions pas arrivés.

Beverley Ambler
Joshua Barnes
Klaus Boedker
Kiron Bondale
Tom Boulet
Paul Carvalho
Chris Celsie
Daniel Gagnon
Drennan Govender
Bjorn Gustafsson
Michelle Harrison
Michael Kogan
Katherine Lines
Louise Lines
Glen Little
Lana Miles
Valentin Tudor Mocanu

Maciej Mordaka
Charlie Mott
Jerry Nicholas
Edson Portilho
Simon Powers
Aldo Rall
Frank Schophuizen
Al Shalloway
David Shapiro
Paul Sims
Kim Shinners
Jonathan Smart
Roly Stimson
Jim Trott
Klaas van Gend
Abhishek Vernal
Jaco Viljoen

Table de Matières

Pour une expérience optimale lors de l'apprentissage de
l'Agile Discipliné, nous vous recommandons d'utiliser le navigateur
DA au fur et à mesure que vous lisez ce livre :
www.pmi.org/disciplined-agile/da-browser

Chapitre 1

Choisir sa WoW !

La fierté d'un homme peut entraîner sa chute. Il faut savoir quand se tourner vers les autres pour obtenir de l'aide et des conseils. —Bear Grylls

Points importants de ce chapitre

- Les équipes chargées du Développement Agile Maîtrisé (Disciplined Agile Delivery ou DAD) ont la possibilité de choisir leur WoW (« Way of Working » ou façon de faire).
- Vous devez « être Agile » et savoir comment « agir Agile ».
- Le développement logiciel étant un processus compliqué, il n'existe pas de façon simple de l'expliquer.
- Disciplined Agile® (DA™), ou l'Agilité Maîtrisée, donne les moyens nécessaires, à savoir une boîte à outils de conseils agnostiques, pour choisir sa façon de faire ou Choose Your WoW™.
- D'autres ont été confrontés à des difficultés similaires aux vôtres, et les ont surmontées. DA vous permet de tirer profit de ce qu'ils ont appris.
- Ce livre vous aidera à savoir comment choisir votre WoW et la faire évoluer par la suite.
- Le véritable objectif est d'obtenir les résultats souhaités pour l'organisation, et non d'être ou d'agir Agile.
- De meilleures décisions mènent à de meilleurs résultats.

Bienvenue dans *Choisissez votre WoW!*, le livre qui explique aux équipes de développement de logiciels Agile, ou plus précisément les équipes de livraison de solutions Agile/Lean, comment choisir leur WoW (« Way of Working » ou façon de faire). Ce chapitre décrit quelques concepts fondamentaux concernant l'importance du choix de votre WoW, les grandes pratiques et techniques pour y parvenir, ainsi que la façon dont ce livre vous aidera à être efficace dans cette démarche.

Pourquoi les équipes doivent-elles choisir leur WoW ?

Les équipes Agile sont souvent appelées à prendre en charge leur démarche de développement pour choisir leur WoW. Ceci est judicieux pour plusieurs raisons :

- **Le contexte est important.** Les personnes et les équipes travaillent différemment en fonction de leur contexte. Chaque personne, chaque équipe, chaque situation est unique. Une équipe de cinq personnes ne travaillera pas de la même manière qu'une équipe de 20 ou de 50 personnes. Une équipe dans une situation critique réglementée travaillera différemment d'une équipe dans une situation non règlementaire. Notre équipe ne travaillera pas de la même manière qu'une autre, car elles sont différentes et possèdent leurs propres compétences, préférences et expériences.
- **Pouvoir choisir, c'est bien.** Pour être efficace, une équipe doit être capable de choisir les pratiques et les techniques qui lui permettront d'affronter une situation donnée. Elle doit connaître les options dont elle dispose, les compromis inhérents à chacune d'elles et le moment opportun auquel les appliquer. Autrement dit, elle doit soit avoir une grande expérience du développement de logiciel, ce que peu possèdent, soit bénéficier de l'aide d'un bon guide pour faire ces choix méthodologiques. D'où la valeur de ce guide.
- **Nous devons optimiser le flux.** Nous souhaitons être efficaces dans notre façon de travailler et, idéalement, ravir nos clients et nos parties prenantes. Il nous faut donc optimiser le flux de travail au sein de notre équipe et, mais aussi notre façon de collaborer avec les autres équipes de l'organisation.
- **Nous voulons être épatants.** Qui ne souhaite pas exceller dans son travail ? Qui ne voudrait pas travailler avec une équipe ou une organisation formidable ? L'excellence consiste en grande partie à donner la possibilité aux équipes de choisir leur WoW et d'expérimenter sans cesse afin d'identifier de meilleures façons de faire.

Nous pensons donc qu'il est temps de revenir aux sources de l'agilité. Martin Fowler a récemment inventé l'expression « agile industrial complex » (« complexe agile-industriel ») après avoir observé de nombreuses équipes opter pour une stratégie « faussement agile », parfois appelée « agile in name only » (AINO ou Agile – en apparence seulement). À l'origine, des organisations ont adopté un cadre prescriptif, comme le « Scaled Agile Framework » (SAFe®) [SAFe], puis ont contraint leurs équipes à l'adopter à leur tour, indépendamment de la pertinence de cette décision (elle l'est rarement), ou ont exigé qu'elles respectent une application uniforme de Scrum [ScrumGuide ; SchwaberBeedle] dans l'organisation. Pourtant, l'agilité comme définie par le Manifeste est très explicite : les individus et les interactions priment sur les processus et les outils. Les équipes devraient pouvoir choisir, puis faire évoluer leur WoW et, mieux encore, être soutenues dans cette démarche.

Soyons Agile *et* Agissons Agile.

Olivia, la fille de Scott, a 11 ans. Elle et ses amies sont parmi les personnes les plus agiles que nous connaissons. Elles sont respectueuses (autant que des enfants de 11 ans peuvent l'être), ouvertes d'esprit, collaboratives, avides d'apprendre et constamment en quête d'expérimentation. Elles ont manifestement un état d'esprit Agile. Pourtant, si nous leur demandons de développer un logiciel, ce serait une catastrophe. Pourquoi ? Parce qu'elles n'en ont pas les compétences. De même, leur demander de négocier un contrat de plusieurs millions de dollars, ou d'élaborer une stratégie marketing pour un nouveau produit ou encore de gérer une chaîne de valeur de 4 000 personnes, serait tout autant catastrophique. Elles pourraient acquérir ces compétences à temps, mais, pour l'instant, elles ne les ont pas, bien qu'elles soient très agiles. Nous avons également observé des équipes composées de membres de la génération Y qui collaborent très naturellement et possèdent les compétences pour exercer leur profession. Toutefois, ils n'ont peut-être pas suffisamment d'expérience pour comprendre les conséquences de leur travail au niveau de l'entreprise. Enfin, nous avons vu des équipes de personnes fortes de plusieurs années d'expérience, mais très peu versées dans la collaboration. Aucune de ces situations n'est idéale. Nous pensons qu'il est absolument indispensable d'avoir un état d'esprit Agile, d'« être Agile », mais de posséder aussi les compétences requises pour « agir Agile », ainsi que l'expérience pour que « l'entreprise sache agir Agile ». L'un des aspects importants de ce livre est qu'il traite de manière détaillée des compétences putatives nécessaires aux équipes Agile/Lean pour réussir.

Le véritable objectif est que l'organisation obtienne les résultats souhaités, et non être Agile ou agir Agile. Quel est l'avantage de travailler Agile si c'est pour développer un produit inapproprié, un produit que vous avez déjà ou qui ne s'inscrit pas dans l'orientation générale de votre organisation ? Nous devons nous concentrer sur l'obtention de résultats qui garantiront la réussite de notre organisation. Devenir plus efficaces dans notre WoW nous aidera à y parvenir.

Reconnaissons qu'il n'y a pas de solution simple.

Notre métier est difficile, c'est la raison pour laquelle nous n'avons pas encore été remplacés par des machines. Avec votre équipe, vous travaillez dans le cadre de votre organisation, à l'aide de diverses technologies qui évoluent, afin de répondre à une grande variété de besoins. Vous collaborez avec des personnes présentant une grande variété de formations, de préférences, d'expériences et d'objectifs de carrière, mais qui peuvent aussi dépendre d'un autre groupe, voire même d'une autre organisation, que vous.

Nous devons accepter cette complexité, car c'est le seul moyen d'être efficaces, et mieux encore, d'atteindre l'excellence. Si nous sous-estimons ou ignorons des aspects importants de notre WoW, l'architecture par exemple, nous risquons de commettre de lourdes erreurs dans ce domaine. Si nous négligeons des aspects de notre WoW, comme la gouvernance (probablement du fait de mauvaises expériences avec une gouvernance insuffisamment agile), nous risquons que des personnes extérieures à notre équipe en prennent la responsabilité et nous imposent leurs pratiques non agiles. Au lieu de développer notre agilité, elles créent un obstacle.

Bénéficions des apprentissages d'autrui.

Les équipes commettent souvent l'erreur de penser qu'elles doivent trouver leur WoW à partir de zéro, parce qu'elles se trouvent dans une situation inédite. Bien au contraire ! Créez-vous un nouveau langage, un nouveau compilateur, de nouvelles bibliothèques ou d'autres choses à partir de rien quand vous développez une nouvelle application ? Bien sûr que non. Vous adoptez les éléments existants, vous les associez, et vous les modifiez quand nécessaire. Indépendamment de la technologie utilisée, les équipes de développement utilisent des bibliothèques et des cadres de référence éprouvés dans le but d'optimiser productivité et qualité. Il devrait en être de même avec la démarche de développement. Comme vous pouvez le constater dans ce livre, il existe des centaines, voire des milliers, de pratiques et de techniques ayant montré leur efficacité auprès de nombreuses équipes avant vous. Il est inutile de partir de zéro. Vous pouvez développer votre WoW en associant des pratiques et des techniques existantes, puis en les modifiant, si nécessaire, pour faire face à la situation. Discipined Agile (DA ou l'Agilité Maîtrisée) est une boîte à outils, un guide simple et accessible. Depuis notre première publication consacrée au Disciplined Agile Delivery (DAD ou le Développement Agile Maîtrisé) [AmblerLines2012], nous avons reçu des retours de professionnels indiquant que, malgré la grande richesse de techniques et de pratiques fournies, ils avaient parfois du mal à les mettre en œuvre et y faire référence. L'un des objectifs de ce livre est de rendre le DAD (DAM) plus accessible afin que vous puissiez facilement trouver ce dont vous avez besoin pour adapter votre WoW.

Vous remarquerez que cet ouvrage contient de nombreuses références. Il y a trois raisons à cela : premièrement, pour attribuer à chacun le mérite qui lui revient, deuxièmement, pour vous indiquer où trouver des informations complémentaires, et troisièmement, pour nous aider à résumer les diverses idées, les mettre en contexte, sans avoir à les détailler. Notre approche des références consiste à utiliser le format : [MeaningfulName]. Une entrée correspondante est répertoriée à la fin du livre.

Connaître DA fait de vous un membre précieux pour votre équipe

De nombreuses organisations appliquant DA nous ont révélé (et nous ont autorisés à les citer) que les membres d'équipe ayant investi dans l'apprentissage DA, et obtenu des certifications très strictes, gagnent en importance. C'est plutôt évident, selon nous. Avec la connaissance d'un plus grand nombre de techniques et pratiques éprouvées, les équipes sont à même de prendre de meilleures décisions. Elles sont donc moins dans l'approche d'« échec rapide » que dans l'approche « apprendre et réussir rapidement ». La méconnaissance collective des options disponibles est souvent à l'origine des difficultés des équipes à répondre à leurs attentes en matière d'agilité. C'est exactement ce qui se produit lorsque vous adoptez des techniques ou cadres de travail normatifs où le choix est inexistant. Les membres de l'équipe, notamment les consultants, sont censés apporter une boîte à outils d'idées afin d'adapter le processus de l'équipe dans le cadre d'une auto-organisation. Une bonne option consiste à disposer d'une boîte à outils plus fournie et d'une terminologie comprise de tous.

La boîte à outils Agilité Maîtrisée (DA) met à disposition des conseils clairs

Au fil du temps, nous avons constaté que certaines personnes, bien qu'elles aient saisi les concepts de DA par le biais de livres ou d'ateliers, ont du mal à savoir comment le mettre en œuvre. DA est un riche corpus de connaissances présenté de manière accessible.

Heureusement, le contenu de ce livre est organisé par objectifs. En adoptant une approche axée sur les objectifs, il est ainsi plus facile de trouver les conseils nécessaires à votre situation. Voici comment utiliser cette boîte à outils dans votre travail quotidien afin d'obtenir de manière plus efficace les résultats souhaités :

- référence de démarches selon votre contexte ;
- être guidé par l'amélioration continue ;
- ateliers d'adaptation du démarches ;
- rétrospectives renforcées ;
- coaching amélioré.

Référence de démarches selon votre contexte

Comme nous l'avons mentionné précédemment, cet ouvrage a pour objectif d'être une référence. Avoir ce livre à portée de main vous sera utile pour trouver des pratiques ou des techniques disponibles lorsque vous faites face à des difficultés particulières. Ce livre vous présente diverses démarches contextualisées. Ainsi, DA est structuré en trois niveaux :

1. **Cycles de vie.** Au niveau le plus élevé des conseils de la WoW se trouvent les cycles de vie, ce qui s'approche le plus de la méthode. DAD comprend six cycles de vie, illustrés à la figure 1.1, offrant aux équipes la possibilité de choisir l'approche qui leur convient le mieux. Le chapitre 6 se penche plus précisément sur les cycles de vie, et les moyens pour sélectionner l'un d'entre eux. Il décrit également comment guider des équipes de manière non contradictoire, même si elles ont des façons de faire différentes.

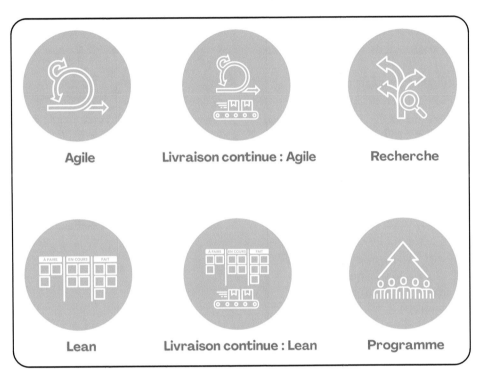

Figure 1.1. Les cycles de vie du DAD.

2. **Objectifs de processus.** La figure 1.2
illustre le diagramme d'atteinte de
l'objectif du processus Améliorer la qualité,
tandis que la figure 1.3 donne un aperçu
de la représentation des diagrammes
d'atteinte des objectifs. DAD est décrit
comme un ensemble de 24 objectifs, ou
résultats, de processus. Chaque objectif
est un ensemble de points de décision,
de questions pour lesquelles votre équipe
doit déterminer s'il convient d'y répondre
et, auquel cas, comment procéder. Les
pratiques et techniques possibles pour
traiter un point de décision, qui peuvent
être associées dans de nombreux cas,
sont présentées sous forme de listes. Les
diagrammes d'atteinte des objectifs sont
similaires, d'un point de vue conceptuel,
aux cartes mentales ; lorsqu'elle est
présente, une flèche représente l'efficacité
relative des options dans certains cas.
En effet, les diagrammes d'atteinte

des objectifs sont des guides simples permettant à une équipe de choisir les meilleures
pratiques et techniques qu'elle est capable d'exécuter immédiatement, compte tenu de ses
compétences, de sa culture et de la situation. Le chapitre 5 est consacré à l'approche pilotée
par les objectifs.

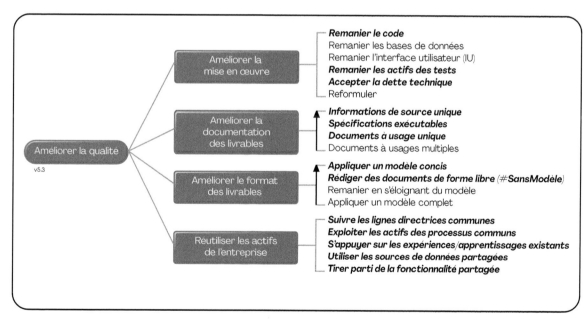

Figure 1.2. L'objectif du processus Améliorer la qualité.

3. **Pratiques et techniques.** Au niveau le plus détaillé des conseils de la WoW figurent les pratiques et les techniques représentées dans les diagrammes d'atteinte des objectifs sous forme de listes, à droite. Les diagrammes d'atteinte des objectifs, comme celui de la figure 1.2, nécessitent moins d'expertise en processus pour identifier les pratiques et techniques potentielles à tester. Néanmoins, vous devez comprendre les fondements de DA, décrits dans ce livre, et vous familiariser avec les diagrammes d'atteinte des objectifs pour trouver rapidement les options possibles. Il est inutile de mémoriser toutes vos options disponibles, car vous pouvez les consulter à votre guise. De même, il est inutile de connaître ces options dans les moindres détails, car elles sont présentées et mises en contexte dans le Navigateur Agilité Maîtrisée [DABrowser]. La figure 1.4 en donne un exemple. Certaines informations décrivent les points de décision Améliorer la mise en œuvre de l'objectif du processus Améliorer la qualité. Vous trouverez également une description du point de décision accompagnée des deux premières options. (Dans l'outil, il vous suffira de faire défiler pour voir le reste des options.)

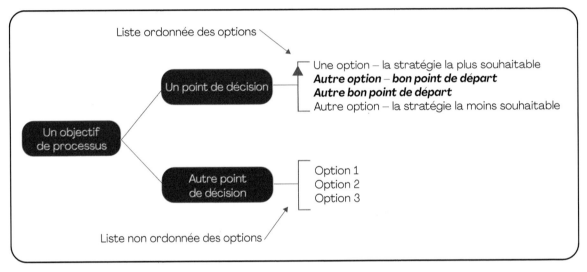

Figure 1.3. Notation d'un diagramme d'atteinte des objectifs.

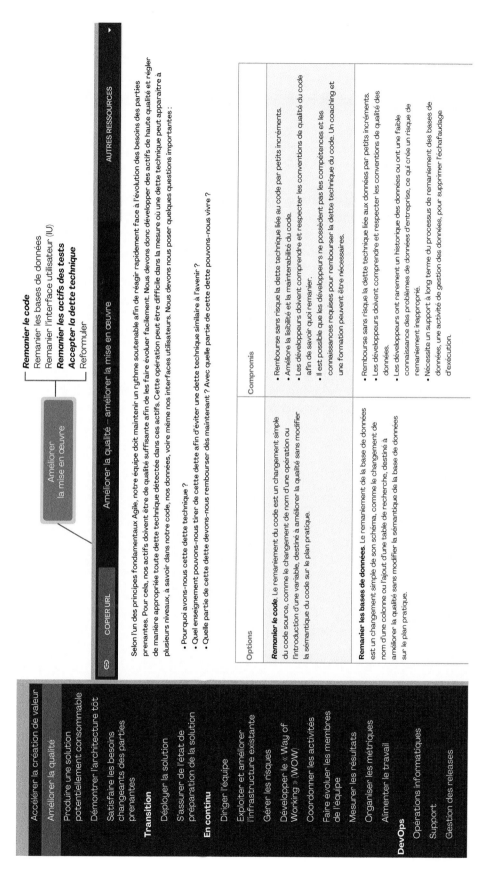

Figure 1.4. Détails des techniques saisis dans le Navigateur DA.

L'amélioration se manifeste à plusieurs niveaux.

L'amélioration des processus, ou évolution de la WoW, intervient au niveau de votre organisation. Les organisations sont constituées d'équipes et de groupes qui interagissent et évoluent constamment. À mesure que les équipes font évoluer leur WoW, elles favorisent les changements au sein des équipes avec lesquelles elles interagissent. Compte tenu de cette évolution constante des processus (dans le bon sens, espérons-le) et du caractère unique des personnes, il est impossible de prévoir la manière dont elles travailleront ensemble ni même les résultats de cette collaboration. Pour résumer, votre organisation est un système complexe adaptatif (CAS) [Cynefin]. Ce concept, présenté à la figure 1.5, décrit des équipes, des domaines organisationnels (comme les divisions, les secteurs d'activité ou les flux de valeur) et des équipes d'entreprise. Cette figure est une simplification, car le diagramme d'origine est assez compliqué. En effet, les interactions entre les équipes et au-delà de l'organisation sont bien plus nombreuses. Par ailleurs, dans le cas des grandes entreprises, un domaine organisationnel peut avoir ses propres groupes d'« entreprise », comme l'architecture d'entreprise ou les finances.

Il existe plusieurs conséquences intéressantes dans le choix de votre WoW :

1. **Chaque équipe a son propre WoW.** On ne le répétera jamais assez.
2. **Nous ferons évoluer notre WoW afin de tenir compte des apprentissages de nos collaborations avec d'autres équipes.** Non seulement nous atteignons les résultats que nous nous sommes fixés en travaillant avec une autre équipe, mais nous apprenons aussi la plupart du temps de nouvelles techniques ou façons de collaborer avec elle (qu'elle a probablement acquises d'autres équipes).

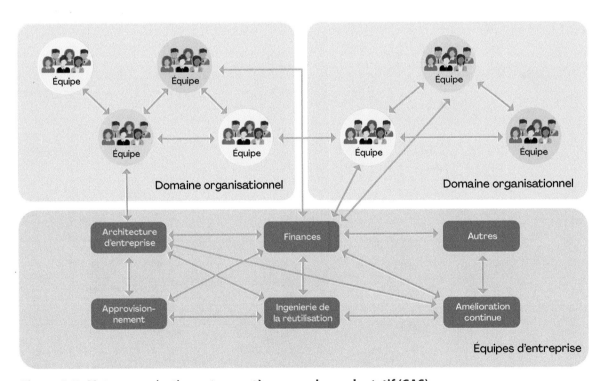

Figure 1.5. Votre organisation est un système complexe adaptatif (CAS).

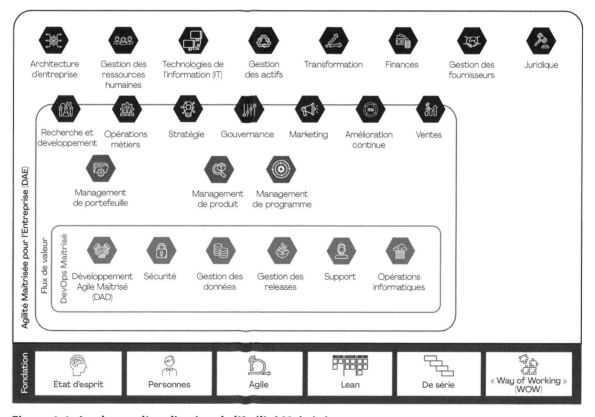

3. **Nous pouvons choisir volontairement d'apprendre d'autres équipes.** Il existe de nombreuses pratiques que nous pouvons choisir d'adopter au sein de notre organisation afin de partager les apprentissages entre équipes, notamment les présentations des professionnels, les réseaux de praticiens (CoP)/guildes et le coaching. Les pratiques et techniques au niveau de l'équipe sont saisies dans l'objectif du processus Faire évoluer la WoW, tandis que les pratiques et techniques au niveau de l'organisation sont saisies dans la lame Amélioration continue[1] [ContinuousImprovement]. Pour résumer, la boîte à outils DA est une ressource générative utile pour choisir votre WoW de manière agnostique.
4. **Nous pouvons tirer parti des initiatives d'amélioration ou de transformation de l'organisation.** L'amélioration peut, et devrait, intervenir au niveau de l'équipe. Elle peut également se produire au niveau organisationnel, par exemple, nous cherchons à optimiser le flux entre les équipes d'un domaine. Enfin, elle doit avoir lieu en dehors des équipes DAD, par exemple, en aidant les groupes chargés de l'architecture d'entreprise, des finances et de la gestion des ressources humaines à collaborer de manière plus efficace avec le reste de l'organisation.

Comme l'illustre la figure 1.6, la boîte à outils DA se divise en quatre couches :

1. **Fondation.** La couche Fondation comprend les concepts fondamentaux de la boîte à outils DA.
2. **DevOps Maîtrisé.** DevOps permet de rationaliser le développement de solutions et les opérations, tandis que DevOps Maîtrisé est une approche de DevOps au niveau de l'entreprise. Cette couche inclut le Développement Agile Maîtrisé (Disciplined Agile Delivery ou DAD), qui est l'objet de cet ouvrage, et d'autres aspects liés à l'entreprise de DevOps.

Figure 1.6. Le champ d'application de l'Agilité Maîtrisée.

[1] Une lame de processus traite un domaine de processus cohérent, comme la gestion des actifs, les finances ou la sécurité.

3. **Flux de valeur.** La couche flux de valeur repose sur FLEX d'Al Shalloway, que l'on appelle désormais DA FLEX. Il ne suffit pas d'avoir des idées innovantes si celles-ci ne peuvent pas se concrétiser au niveau du marché ou de l'entreprise. DA FLEX lie les stratégies d'une organisation, dans la mesure où il illustre un flux de valeur efficace. Ainsi, vous êtes en mesure de prendre des décisions dans le but d'améliorer l'organisation dans son ensemble.
4. **Agilité Maîtrisée pour l'Entreprise (DAE).** La couche DAE se concentre sur les autres activités de l'entreprise qui soutiennent les flux de valeur de votre organisation.

Quel que soit leur niveau, les équipes peuvent et devraient choisir leur WoW. Bien que ce livre soit consacré aux équipes DAD, nous approfondirons parfois certaines questions entre équipes et organisationnelles, si nécessaire.

Être guidé par l'amélioration continue (GCI)

Pour la plupart des équipes, le chemin vers l'agilité commence par l'adoption de techniques telles que Scrum [ScrumGuide ; SchwaberBeedle], Extreme Programming (XP) [Beck] ou la méthode dynamique de développement de systèmes (Dynamic Systems Development Method, DSDM)-Atern [DSDM]. Les grandes équipes qui passent à l'« échelle » (la notion de mise à l'échelle sera traitée au chapitre 2) ont, quant à elles, le choix entre, notamment, SAFe® [SAFe], LeSS [LeSS], ou Nexus® [Nexus]. Ces techniques/cadres de travail abordent des catégories spécifiques de problèmes rencontrés par les équipes Agile. Nous les jugeons plutôt normatifs dans la mesure où le choix est limité. Dans certains cas, les équipes ont le sentiment de devoir consacrer beaucoup de temps à « réduire l'échelle » afin de supprimer des techniques qui ne s'appliquent pas à leur situation, et en rajouter d'autres, mieux adaptées. Ceci est particulièrement vrai lorsque les cadres de référence ne correspondent pas au contexte. En revanche, dans la situation inverse, ils se révèlent efficaces. Avec l'adoption de l'une de ces techniques ou de l'un de ces cadres de travail normatifs, l'efficacité de votre équipe tend à suivre la courbe illustrée à la figure 1.7. Au début, l'efficacité chute car l'équipe apprend une nouvelle façon de faire, elle consacre du temps à la formation et elle découvre souvent de nouvelles techniques. Petit à petit, l'efficacité repart à la hausse et dépasse son niveau d'origine, mais finit par se stabiliser une fois l'équipe engagée dans sa nouvelle WoW. Les choses s'améliorent, mais en l'absence d'efforts concertés pour continuer de s'améliorer, vous constatez que l'efficacité de l'équipe atteint un plateau.

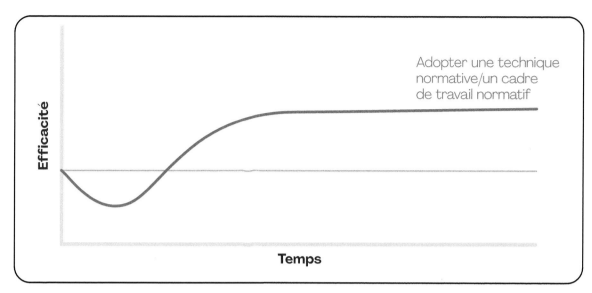

Figure 1.7. Efficacité de l'équipe dans l'adoption d'une technique ou d'un cadre Agile.

Selon certains commentaires à propos de la figure 1.7, cette situation est impossible, car Scrum promet de faire le double de résultats en moitié moins de temps [Sutherland]. Malheureusement, le quadruplement de la productivité ne semble pas se vérifier dans la pratique. D'après une récente étude portant sur 155 organisations, 1 500 équipes en cascade (waterfall) et 1 500 équipes Agile, la productivité réelle des équipes Agile, la plupart en Scrum, augmente de 7 à 12 % [Reifer]. Là où la majorité des organisations a adopté SAFe pour l'agilité à l'échelle, l'amélioration atteint plutôt 3 à 5 %.

Une équipe dispose de nombreuses façons d'améliorer sa WoW, grâce à des pratiques ou techniques décrites par l'objectif du processus Faire évoluer la WoW. Il est généralement recommandé d'utiliser une approche expérimentale de l'amélioration. Les expérimentations guidées sont encore plus efficaces, selon nous. La communauté Agile offre une foule de conseils à propos des rétrospectives, à savoir des séances de travail durant lesquelles une équipe réfléchit aux moyens de s'améliorer. Il en va de même pour la communauté Lean, dont les précieux conseils portent sur la mise en pratique de ces réflexions [Kerth]. La figure 1.8 présente la boucle d'amélioration PDSA (Plan-Do-Study-Act ou Planifier-Dérouler-Étudier-Agir) de W. Edward Deming [Deming], parfois appelée boucle Kaizen. Il s'agit de sa première approche de l'amélioration continue, qu'il a ensuite fait évoluer en PDCA (Plan-Do-Check-Act ou Planifier-Dérouler-Contrôler-Agir), devenue populaire au sein des entreprises dans les années 1990 et la communauté Agile au début des années 2000. Beaucoup ignorent qu'après avoir expérimenté son cycle PDCA pendant plusieurs années, W. Edward Deming s'est rendu compte qu'il n'était pas aussi efficace que le cycle PDSA et a décidé d'y revenir. La principale différence réside dans le fait que l'activité « étudier » (Study) incite les personnes à mesurer et à analyser l'efficacité d'un changement de manière plus approfondie. Nous avons donc décidé de respecter la volonté de W. Edward Deming et recommandons le cycle PDSA plutôt que PDCA, car des réflexions essentielles telles que celle-ci sont à l'origine d'améliorations pérennes. Certaines personnes s'appuient sur la boucle OODA (Observe-Orient-Decide-Act ou Observer-Orienter-Décider-Agir) du Colonel John Boyd de l'United States Air Force pour guider leurs efforts d'amélioration continue. Comme toujours, nous vous conseillons d'appliquer la méthode la mieux adaptée à votre situation [Coram]. Quelle que soit la boucle d'amélioration choisie, votre équipe peut, et devrait peut-être, effectuer plusieurs essais en parallèle, notamment lorsque les améliorations potentielles portent sur différents domaines de votre processus et, par conséquent, ne s'influenceront pas réciproquement. (Dans le cas contraire, il sera difficile de déterminer l'efficacité de chaque essai.)

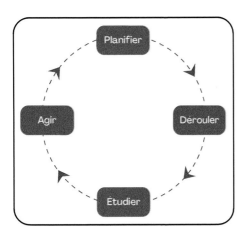

Figure 1.8. La boucle d'amélioration continue PDSA.

Avec la pratique de la boucle d'amélioration continue PDSA/PDCA/OODA, vous améliorez votre WoW à l'aide d'une série de petits changements. C'est ce que la communauté Lean appelle le Kaizen, un mot japonais signifiant amélioration. La figure 1.9 illustre le flux de travail associé à une approche expérimentale. La première étape consiste à identifier une amélioration potentielle, comme une nouvelle pratique ou technique, que vous souhaitez expérimenter afin de savoir si elle est adaptée à votre situation. Pour déterminer l'efficacité d'une amélioration potentielle, il faut la comparer à des résultats clairs, peut-être identifiés à l'aide de l'approche par les buts (Goal Question Metric ou GQM) [GQM] ou des objectifs et résultats clés (Objectives and Key Results ou OKR) [Doer]. La mesure de l'efficacité de l'application de la nouvelle WoW représente un exemple d'apprentissage validé [Ries]. Il est important de noter que la figure 1.9 décrit une seule exécution de la boucle d'amélioration continue d'une équipe.

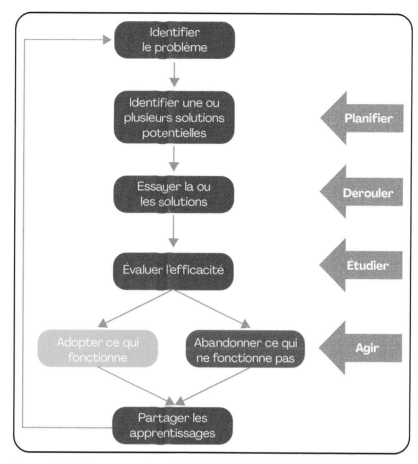

Figure 1.9. Une approche expérimentale de l'évolution de votre WoW.

DA vous guide dans l'identification agnostique d'une nouvelle pratique ou technique susceptible de résoudre un problème auquel vous faites face. Ainsi, vous augmentez la possibilité de trouver une amélioration potentielle adaptée à votre situation, et d'accélérer vos efforts pour développer votre WoW. C'est ce que nous appelons être guidé par l'amélioration continue (Guided Continuous Improvement ou GCI). À ce niveau, la boîte à outils DA vous permet donc de devenir une équipe performante plus rapidement. Dans le premier livre consacré au DAD, nous décrivions une pratique appelée « amélioration mesurée » dont le fonctionnement était très similaire.

Dans la même lignée, le changement Lean (« Lean Change »)[2] [LeanChange1 ; LeanChange2] est une technique qui s'avère très efficace dans la pratique selon nous, en particulier au niveau de l'organisation. Le cycle de gestion du changement Lean, illustré à la figure 1.10, reprend des concepts de Lean Startup [Ries] : vous avez des idées (hypothèses), vous identifiez des options possibles pour appliquer vos idées, puis vous les testez sous forme de changements viables *a mimima* (minimum viable changes ou MVC). Ces changements sont apportés et suivis pendant une durée donnée. Ensuite, les résultats obtenus sont mesurés afin d'évaluer leur efficacité. Les équipes peuvent choisir de conserver les changements adaptés à la situation rencontrée et d'abandonner les autres. Avec le principe GCI et le changement Lean, les équipes et les organisations, respectivement, peuvent devenir très performantes.

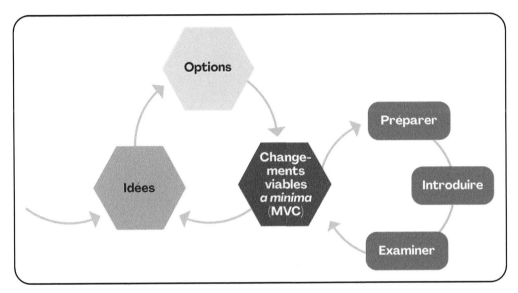

Figure 1.10. Le cycle de gestion du changement Lean.

La courbe de progression des techniques d'amélioration continue (non guidée) est représentée à la figure 1.11 par une ligne en pointillés. Vous constaterez qu'une légère baisse de la productivité persiste au début, car l'équipe apprend à identifier les changements viables *a mimima*, puis les expérimente. Cette baisse est éphémère. La ligne continue décrit la courbe du principe GCI. Les équipes sont mieux à même d'identifier les options appropriées, ce qui augmente le nombre d'expérimentations positives et la vitesse d'amélioration. Pour résumer, de meilleures décisions mènent à de meilleurs résultats.

---

[2] Dans la lame du processus de transformation de DA (PMI.org/disciplined-agile/process/transformation), nous montrons comment appliquer le changement Lean au niveau de l'organisation.

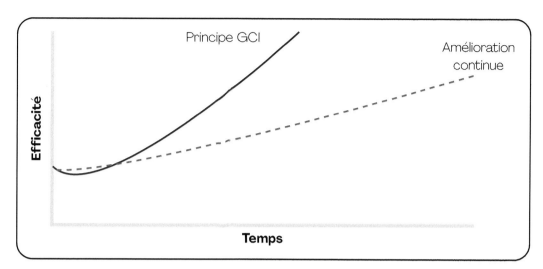

Figure 1.11. Les équipes s'améliorent plus rapidement avec le principe GCI.

De toute évidence, aucune des courbes de la figure 1.11 n'est parfaitement régulière. Une équipe connaîtra des hauts et des bas, soit des échecs (bas) qui révéleront ce qui ne fonctionne pas dans sa situation, et des réussites (hauts) qui apporteront une technique pour améliorer son efficacité. La ligne continue, qui représente le principe GCI, sera plus régulière que la ligne en pointillés, car les équipes auront un pourcentage plus élevé de hauts.

Heureusement, il est possible d'associer ces deux stratégies, à savoir adopter une technique normative ou un cadre de travail normatif, puis améliorer votre WoW grâce au principe GCI, comme l'illustre la figure 1.12. Il nous arrive souvent de rencontrer des équipes ayant adopté une technique Agile normative (la plupart du temps Scrum ou SAFe) qui atteignent un plateau, car elles ne parviennent pas à résoudre un ou plusieurs problèmes directement avec leur cadre de travail/technique. Ces équipes ont tendance à se retrouver dans une position délicate non seulement parce que leur technique ne résout pas le ou les problèmes rencontrés, mais aussi parce qu'elles ne possèdent pas d'expertise dans ce domaine. Selon Ivar Jacobson, « elles sont enfermées dans la prison des techniques » [Prison]. Si elles appliquent une technique d'amélioration continue, ou mieux encore si elles sont guidées par l'amélioration

continue, elles pourraient rapidement se remettre dans la bonne voie grâce à leurs efforts. Par ailleurs, la situation sous-jacente évoluant constamment, vous devez éviter de prendre vos processus pour acquis et, au contraire, adapter votre façon de faire en conséquence.

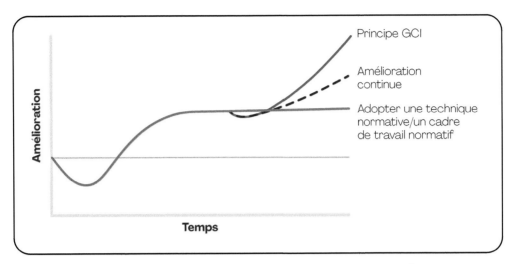

Figure 1.12. S'améliorer grâce à une technique Agile existante/un cadre Agile existant.

Autrement dit, être guidé par l'amélioration continue au niveau de l'équipe est plutôt une version simplifiée de ce que vous pourriez faire à l'échelle de l'organisation. Les équipes peuvent choisir de conserver un backlog des points qu'elles souhaiteraient améliorer. Au niveau du domaine organisationnel ou de l'entreprise, il se peut qu'un groupe de personnes dirige une grande initiative de transformation ou d'amélioration dans le but de permettre aux équipes de choisir leur WoW et de résoudre des problèmes organisationnels plus vastes qu'elles auraient du mal à traiter elles-mêmes.

Ateliers d'adaptation du processus

L'atelier d'adaptation du processus [Tailoring] constitue une autre technique courante d'application de DA pour choisir sa WoW. Lors de cet atelier, un coach ou un chef d'équipe accompagne l'équipe à travers les aspects importants de DAD. Ensuite, les membres de l'équipe réfléchissent à leur collaboration. En général, cela consiste à choisir un cycle de vie, à parcourir un par un les objectifs de processus, à traiter leurs points de décision, enfin à discuter des rôles et des responsabilités.

Un atelier d'adaptation du processus ou plusieurs ateliers succincts peuvent être organisés à tout moment. Comme l'illustre la figure 1.13, c'est généralement le cas lorsqu'une équipe est constituée dans le but de rationaliser ses efforts initiaux (phase de Démarrage), juste avant la phase de Construction, afin de convenir de l'approche à adopter. Les décisions liées au processus prises lors des ateliers d'adaptation du processus ne sont pas définitives. Elles peuvent évoluer au fil du temps à mesure que l'équipe acquiert des connaissances. Vous devez toujours avoir l'envie d'apprendre et d'améliorer votre processus. En effet, la plupart des équipes Agile réfléchissent régulièrement à la façon de procéder en menant des rétrospectives. Ainsi, les ateliers d'adaptation du processus consistent à guider votre équipe dans la bonne direction, alors que les rétrospectives ont pour but d'identifier les adaptations possibles de ce processus.

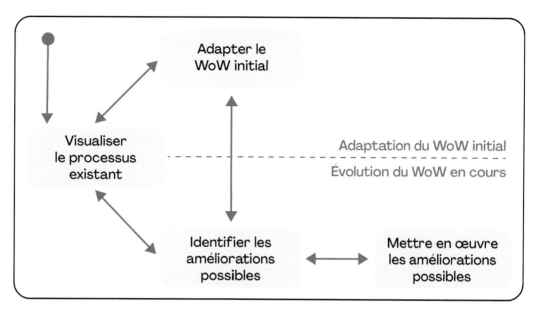

Figure 1.13.   Choisir et faire évoluer votre WoW au fil du temps.

Il est logique de se demander à quoi ressemble l'approche pour faire évoluer la WoW d'une équipe. Jonathan Smart, qui fut chargé de la transformation chez Barclays, recommande l'approche de Dan North consistant à visualiser, stabiliser et optimiser, comme illustré à la figure 1.14. Vous commencez par visualiser votre WoW existant, puis vous identifiez une nouvelle WoW qui semble adapté, d'après l'équipe. (C'est le but de la première adaptation.) Ensuite, l'équipe doit implanter cette nouvelle WoW et apprendre à l'adapter à son contexte. Cette phase de stabilisation pourrait durer plusieurs semaines ou mois. Une fois que l'équipe a stabilisé sa WoW, elle peut la faire évoluer à l'aide d'une technique GCI.

Visualiser	Stabiliser	Optimiser
• Étudier le WoW existant • Identifier un nouveau WoW	• Appliquer votre nouveau WoW • Suivre une formation et un coaching • Prendre le temps d'apprendre le nouveau WoW	• Être guidé par l'amélioration continue

Figure 1.14.   Approche de l'adaptation d'un processus et de l'amélioration d'une équipe.

Ateliers d'adaptation du processus dans une grande institution financière

Par Daniel Gagnon

Au cours des dizaines d'ateliers d'adaptation du processus que j'ai organisés au fil des années, avec des équipes de taille et d'expérience variées dans différentes organisations [Gagnon], le commentaire que j'ai le plus entendu était le suivant : « grâce à l'atelier, nous avons découvert toutes sortes d'options dont nous ignorions l'existence ! » Même si c'était presque toujours difficile à faire accepter au départ, je devais toutefois travailler avec une équipe qui n'était pas en mesure de saisir et d'apprécier rapidement la valeur de ces activités.

Voici ce que j'ai appris :

1. Un chef d'équipe, un responsable de l'architecture ou un développeur peut remplacer la plupart des développeurs dès les premières étapes.
2. Les outils sont une aide précieuse. Nous avons développé une feuille de calcul simple afin de saisir les choix de WoW.
3. Les équipes peuvent prendre des décisions immédiates concernant leur WoW, et identifier de futurs choix ambitieux, plus « matures » qu'elles fixent comme objectifs d'amélioration.
4. Nous avons défini un petit nombre de choix utiles au niveau de l'entreprise dans le but de promouvoir de la cohérence entre équipes, notamment certains choix liés à l'« infrastructure as code » (« infrastructure en tant que code »).
5. Les équipes n'ont pas à démarrer de zéro. Elles peuvent s'appuyer sur les choix pris par une équipe similaire, puis les adapter par la suite.

Il est important de remarquer que les équipes sont les mieux placées pour décider qui doit participer aux séances aux différentes étapes de l'avancement. Il sera de plus en plus facile d'obtenir un soutien à mesure que l'intérêt de laisser les équipes choisir leur WoW se dessine.

Daniel Gagnon a accompagné l'adoption de l'Agilité Maîtrisée au sein de deux grandes institutions financières canadiennes. Aujourd'hui, il est coach Agile senior au Québec.

Heureusement, vous pouvez simplifier les ateliers d'adaptation du processus grâce à une animation efficace. À cette fin, nous vous suggérons ce qui suit :

- Prévoir plusieurs séances courtes. (Certaines ne vous seront peut-être pas nécessaires.)
- Avoir un programme précis. (Définissez les attentes.)
- Inviter l'ensemble de l'équipe. (Ce processus est le leur.)
- Avoir un animateur expérimenté. (Cela peut être source de conflits.)
- Aménager un espace de travail flexible. (C'est propice à la collaboration.)

Un atelier d'adaptation du processus traitera probablement plusieurs aspects importants concernant votre façon de faire (WoW ou « Way of Working ») :

- Définissez les droits et les responsabilités des membres de l'équipe, qui sont décrits en détail au chapitre 4.
- Comment envisageons-nous d'organiser/de structurer l'équipe ?
- Quel cycle de vie l'équipe suivra-t-elle ? Consultez le chapitre 6 pour en savoir plus.
- Quelles pratiques et techniques suivrons-nous ?
- Avons-nous une définition de « prêt » [Rubin] ? Si oui, quelle est-elle ?
- Avons-nous une définition d'« accompli » [Rubin] ? Si oui, quelle est-elle ?
- Quels outils utiliserons-nous ?

Les ateliers d'adaptation du processus nécessitent un investissement en temps. Néanmoins, ils représentent un moyen efficace de s'assurer que les membres de l'équipe partagent la vision de leur collaboration. Cela dit, il vous faudra simplifier au maximum ces ateliers, car ils peuvent facilement prendre de l'ampleur. Le but est d'aller dans la bonne « direction du processus ». Vous pouvez toujours faire évoluer votre WoW par la suite, à mesure que vous distinguez ce qui fonctionne de ce qui ne fonctionne pas pour vous. Enfin, vous aurez besoin de la contribution de personnes ayant de l'expérience en développement Agile de produit. DA est une boîte à outils, simple, conçue pour vous aider à choisir et à faire évoluer votre WoW. Toutefois, vous devrez disposer de compétences et de connaissances pour l'appliquer efficacement.

Bien que DA fournisse une bibliothèque ou une boîte à outils d'excellentes idées, vous souhaiterez probablement fixer des limites au degré d'auto-organisation de vos équipes. Avec DAD, nous recommandons l'auto-organisation dans le cadre d'une gouvernance appropriée. Nous avons constaté que les organisations ayant adopté DA orientent parfois les choix afin que les équipes s'auto-organisent dans la limite des garde-fous organisationnels compris de tous.

Enrichir les rétrospectives à l'aide d'options proposées par le GCI

Une rétrospective est une technique que les équipes utilisent pour réfléchir à leur efficacité et identifier des possibles améliorations de processus à expérimenter [Kerth]. DA peut vous aider à identifier des améliorations correspondant à votre situation. Par exemple, il peut vous arriver d'avoir une discussion sur une dérive excessive des exigences en raison de l'ambiguïté des récits et leurs critères d'acceptation. Vous en déduisez qu'il vous faut d'autres modèles pour clarifier les exigences. Mais, quels modèles choisir ? En vous reportant à l'objectif du processus Explorer le périmètre, vous pourriez choisir de créer un diagramme du domaine pour clarifier les relations entre les entités, ou encore un prototype d'interface utilisateur pour sonder l'expérience utilisateur. Nous avons observé qu'en utilisant DA comme approche, les équipes ont accès à des techniques et des pratiques qui leur étaient inconnues.

Améliorer le coaching en étendant la boîte à outils de processus du coach

DA est particulièrement utile pour les coaches Agile. Tout d'abord, comprendre DA signifie disposer d'une boîte à outils plus fournie de pratiques et de techniques sur laquelle vous pouvez vous appuyer pour résoudre les problèmes de votre équipe. Ensuite, il est fréquent de voir des coaches utiliser DA pour expliquer aux équipes ou à l'organisation que certaines de leurs « meilleures pratiques » sont en réalité de très mauvais choix, et qu'il existe des options plus intéressantes. Enfin, les coaches utilisent DA pour combler des lacunes dans leurs expériences et connaissances.

Documenter votre WoW

Nous aurions aimé vous dire qu'il est inutile de documenter votre WoW. Mais le fait est que vous devez le faire, très souvent, pour une ou plusieurs bonnes raisons :

1. **La réglementation.** Votre équipe évolue dans un environnement règlementaire où, selon la loi, vous devez consignez votre processus, c'est-à-dire votre WoW.
2. **C'est trop difficile de s'en souvenir.** Votre WoW comprend de nombreux éléments protéiformes. Examiner le diagramme d'atteinte des objectifs de la figure 1.2. Votre équipe choisira d'adopter plusieurs des techniques mises en avant dans ce diagramme ; et ce n'est qu'un des 24 objectifs. Comme nous l'avons dit précédemment, le développement d'une solution est une activité complexe. Dans DA, nous avons fait de notre mieux pour réduire cette complexité afin de vous aider à choisir votre WoW, mais il est impossible de l'éliminer complètement.
3. **C'est rassurant.** La majorité des personnes sont mal à l'aise à l'idée de ne pas avoir de « procédé défini » à suivre, en particulier lorsqu'elles sont novices. Elles préfèrent disposer d'un élément auquel se référer de temps en temps afin de faciliter leur apprentissage. Au fur et à mesure qu'elles se familiarisent davantage avec la WoW de l'équipe, elles se reportent de moins en moins à la documentation pour finir par ne plus l'utiliser.

Étant donné que peu de personnes aiment lire la documentation liée aux processus, nous vous suggérons de la simplifier autant que possible. Suivez les pratiques de la documentation Agile [AgileDocumentation], comme maintenir une certaine concision et collaborer étroitement avec le public (dans ce cas, l'équipe) afin de garantir la satisfaction de ses besoins réels. Voici quelques options pour vous vous approprier votre WoW :

- Utilisez une feuille de calcul pour saisir les choix du diagramme d'atteinte des objectifs.
- Créez une présentation du procédé sur une feuille A3.
- Accrochez des affiches sur le mur.
- Décrivez précisément la démarche sur un wiki.

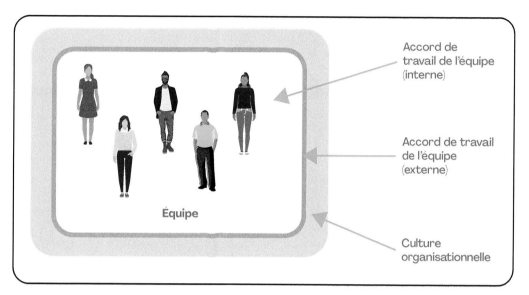

Figure 1.15. Accords de travail de l'équipe.

Comme indiqué dans l'objectif du processus Faire évoluer la WoW, vous pouvez choisir parmi plusieurs techniques pour saisir votre WoW. Une approche courante consiste, pour une équipe, à élaborer et à respecter un accord de travail. Les accords de travail décriront les rôles et les responsabilités assumés par les personnes au sein de l'équipe, les droits et les responsabilités des membres d'équipe et, très souvent, la démarche de l'équipe (sa façon de faire ou WoW). Comme l'illustre la figure 1.15, nous tenons à distinguer deux aspects importants de l'accord de travail de l'équipe : d'un côté, la partie interne décrit la collaboration entre les membres de l'équipe et, de l'autre, la partie externe décrit les interactions entre les autres et l'équipe.

La partie externe d'un accord de travail de l'équipe est, en un sens, un accord de niveau de service pour l'équipe. Elle peut inclure un programme des réunions courantes (par exemple, les réunions de coordination quotidiennes et les prochaines monstrations), une indication pour accéder au tableau de bord automatisé, comment contacter l'équipe et quelle est sa mission. L'accord de travail de l'équipe, parties interne et externe, sera influencé par l'environnement et la culture de l'organisation.

Récapitulatif

Tout au long de ce chapitre, nous avons abordé plusieurs grands concepts :

- Les équipes d'Agilité Maîtrisée (Disciplined Agile ou DA) choisissent leur WoW (« Way of Working » ou façon de faire).
- Vous devez « être Agile » et savoir comment « agir Agile ».
- Le développement de solutions étant un processus compliqué, il n'existe pas de façon simple de l'expliquer.
- DA fournit les moyens nécessaires pour aider une équipe à choisir sa WoW et développer des solutions logicielles.
- D'autres ont été confrontés à des difficultés similaires aux vôtres, et les ont surmontées. DA vous permet de tirer profit de ce qu'ils ont appris.
- Ce livre vous aidera à savoir comment choisir votre WoW et la faire évoluer par la suite.
- Être guidé par l'amélioration continue aidera vos équipes à sortir de la « prison des techniques » et ainsi à améliorer leur efficacité.
- Le véritable objectif est d'obtenir les résultats souhaités pour l'organisation, et non d'être ou d'agir Agile.
- De meilleures décisions mènent à de meilleurs résultats.

Chapitre 2

Faire preuve de maîtrise et de rigueur

De meilleures décisions mènent à de meilleurs résultats.

Points importants de ce chapitre

- Le Manifeste Agile représente un excellent point de départ. Toutefois, ce n'est pas suffisant.
- Les principes Lean sont essentiels à la réussite des équipes de développement de solutions Agile de l'entreprise.
- L'état d'esprit DA repose sur huit principes, sept promesses et huit lignes directrices.

Que signifie faire preuve de maîtrise et de rigueur ? Cela consiste à faire des choix sains, des initiatives qui nécessitent généralement un travail acharné et de la persévérance. Il faut de la maîtrise et de la rigueur pour ravir régulièrement notre clientèle. Il faut de la maîtrise et de la rigueur pour que les équipes atteignent un niveau d'excellence. Il faut de la maîtrise et de la rigueur pour que les chefs d'équipe garantissent un environnement de travail dans lequel les équipiers se sentent en sécurité. Il faut de la maîtrise pour reconnaître que nous devons adapter notre WoW (« Way of Working » ou façon de faire) au contexte et le faire évoluer parallèlement à la situation. Il faut de la maîtrise et de la rigueur pour reconnaître que nous faisons partie d'une organisation plus grande, que nous devons agir dans l'intérêt de l'entreprise et ne pas faire seulement ce qui nous avantage. Il faut de la maîtrise et de la rigueur pour faire évoluer et optimiser notre flux de travail, pour comprendre que nous disposons de nombreuses options concernant notre façon de faire et de nous organiser, pour faire des choix appropriés.

Le Manifeste pour le développement Agile de logiciels

La publication en 2001 du *Manifeste pour le développement Agile de logiciels* [Manifeste], ou Manifeste Agile, est à l'origine du mouvement Agile. Il s'articule autour de quatre valeurs déclinées en 12 principes présentés ci-dessous. Le Manifeste Agile a été élaboré par un groupe de 17 professionnels forts d'une solide expérience en développement de logiciels. Leur objectif était de décrire ce qui en pratique fonctionne réellement, et non ce qu'ils espéraient voir fonctionner en théorie. Si cela semble évident aujourd'hui, à l'époque, cela représentait un changement radical par rapport à l'approche adoptée par de nombreux leaders de la communauté de l'ingénierie logicielle.

Le *Manifeste pour le développement Agile de logiciels*
Nous découvrons comment mieux développer des logiciels par la pratique et en aidant les autres à le faire.
Ces expériences nous ont amenés à valoriser :

1. les **individus et leurs interactions** plus que les processus et les outils ;
2. des **logiciels opérationnels** plus qu'une documentation exhaustive ;
3. la **collaboration avec les clients** plus que la négociation contractuelle ;
4. l'**adaptation au changement** plus que le suivi d'un plan.

Nous reconnaissons la valeur des seconds éléments, mais privilégions les premiers.

Le Manifeste Agile est constitué de 12 principes qui donnent de nouveaux éléments d'orientation aux professionnels. Il s'agit des principes suivants.

1. Notre plus haute priorité est de satisfaire le client en livrant rapidement et régulièrement des fonctionnalités à grande valeur ajoutée.
2. Accueillez positivement les changements de besoins, même tard dans le projet. Les processus agiles exploitent le changement pour donner un avantage compétitif au client.
3. Livrez fréquemment un logiciel opérationnel avec des cycles de quelques semaines à quelques mois et une préférence pour les plus courts.
4. Les utilisateurs ou leurs représentants et les développeurs doivent travailler ensemble quotidiennement tout au long du projet.
5. Réalisez les projets avec des personnes motivées. Fournissez-leur l'environnement et le soutien dont elles ont besoin et faites-leur confiance pour atteindre les objectifs fixés.
6. La technique la plus simple et la plus efficace pour transmettre de l'information à l'équipe de développement et à l'intérieur de celle-ci est le dialogue en face à face.
7. Un logiciel opérationnel est la principale mesure d'avancement.
8. Les processus agiles encouragent un rythme de développement soutenable. Ensemble, les commanditaires, les développeurs et les utilisateurs devraient être capables de maintenir indéfiniment un rythme constant.
9. Une attention continue à l'excellence technique et à une bonne conception renforce l'agilité.
10. La simplicité - c'est-à-dire l'art de minimiser la quantité de travail inutile - est essentielle.
11. Les meilleures architectures, spécifications et conceptions émergent d'équipes auto-organisées.
12. À intervalles réguliers, l'équipe réfléchit aux moyens de devenir plus efficace, puis règle et modifie son comportement en conséquence.

La publication du *Manifeste pour le développement Agile de logiciels* marque une étape décisive pour le monde du développement logiciel, ainsi que pour la communauté des entreprises, comme nous l'avons constaté ces dernières années. Mais le temps a fait son œuvre, et le Manifeste mérite d'être adapté au contexte actuel :

1. **Il se limite au développement logiciel.** Le manifeste met délibérément l'accent sur le développement logiciel et non sur d'autres aspects des technologies de l'information, et encore moins sur d'autres dimensions générales de nos entreprises. La plupart des concepts peuvent être adaptés à ces environnements, ce qui a été fait au fil des années. Le manifeste contient donc de précieux concepts que nous pouvons faire évoluer. Il devrait évoluer pour élargir son champ d'application par rapport à celui pensé à l'origine.
2. **Le monde du développement logiciel a évolué.** Le manifeste a été conçu pour refléter l'environnement des années 1990. Certains de ses principes paraissent désormais quelque peu obsolètes. Par exemple, selon le troisième principe, nous avions quelques semaines à quelques mois pour développer un logiciel. À l'époque, c'était exceptionnel d'avoir un incrément concret d'une solution même tous les mois. Aujourd'hui, néanmoins, la barre est placée bien plus haut. Des entreprises Agile livrent des fonctionnalités plusieurs fois par jour, en partie parce que le manifeste les a aidées à s'engager dans une meilleure voie.
3. **Nous avons beaucoup appris depuis.** Bien avant Agile, les organisations s'appuyaient sur des façons de penser et de travailler Lean. Depuis 2001, des pratiques et techniques Agile et Lean se sont non seulement développées en tant que telles, mais ont également réussi à s'entremêler. Comme nous le verrons bientôt, cet amalgame est inhérent à l'état d'esprit DA. DevOps, la fusion des cycles de vie du développement logiciel et des opérations informatiques, a clairement évolué grâce à cet amalgame. Rares sont les organisations à ne pas avoir adopté, ou à être en voie d'adopter, les façons de faire DevOps, dont le chapitre 1 a montré qu'elles font partie intégrante de la boîte à outils DA. Ce n'est pas qu'une question d'agilité, selon nous.

Lean Software Development

L'état d'esprit DA repose sur une combinaison Agile et Lean. Pour comprendre la pensée Lean, *The Lean Mindset* de Mary et Tom Poppendieck. est un bon point de départ. Dans ce livre, les auteurs expliquent comment appliquer les sept principes du Lean Manufacturing afin d'optimiser l'ensemble du flux de valeur. Cela est fort utile, mais il ne faut pas oublier que la plupart d'entre nous ne fabriquent pas des automobiles. Lean s'applique à différents types d'activité, à savoir la fabrication, les services, le développement de produits du monde réel et le développement distribué de logiciels. Bien que nous appréciions l'œuvre révolutionnaire de Mary et Tom Poppendieck, nous préférons nous pencher sur les principes afin de voir comment les appliquer généralement [Poppendieck]. Il s'agit des principes suivants.

1. **Éliminer les gaspillages.** Les défenseurs de la pensée Lean considèrent comme du gaspillage toute activité qui n'ajoute pas directement de la valeur au produit fini [WomackJones]. Dans le cadre de notre travail, les trois principales sources de gaspillage sont l'ajout de fonctionnalités inutiles, le barattage des activités et les silos de l'organisation (notamment entre les parties prenantes et les équipes de développement). Pour réduire le gaspillage, les équipes doivent pouvoir s'auto-organiser et agir en conformité avec le travail qu'elles tentent d'accomplir. Dans le domaine du développement de produits (du monde réel ou numérique), nous consacrons énormément de temps à identifier ce qu'est la valeur. Il ne s'agit pas là de gaspillage. Nous avons entendu de nombreuses discussions interminables sur le type de gaspillage qui peut en découler. Nous proposons d'éliminer le gaspillage de temps dû aux retards au niveau du flux de travail, un gaspillage que nous considérons comme critique. Après vérification, il s'avère que le gaspillage provient en grande partie des retards au niveau du flux de travail, qui peuvent aussi en être la cause. Nous concevons des fonctionnalités inutiles, car nos lots sont trop grands et nous accusons des retards dans le retour d'information sur leur nécessité (ou nous ne rédigeons pas nos tests d'acceptation, ce qui retarde la compréhension de nos besoins). Le barattage des tâches (en particulier, les erreurs) sont presque toujours attribuables à une désynchronisation dont nous ne nous rendons même pas compte. Le transfert d'informations entre les silos de l'organisation est très souvent une action qui entraîne des retards, car une partie de l'organisation passe son temps à attendre l'autre.

2. **Intégrer la qualité.** Notre démarche doit d'abord empêcher l'apparition de défauts. Si c'est impossible, nous devons traiter une petite partie du travail, la valider, corriger les erreurs éventuelles, puis recommencer. L'inspection a posteriori et la mise en file d'attente des défauts à corriger ultérieurement ne sont pas aussi efficaces. Parmi les pratiques Agile qui intègrent la qualité dans notre démarche figurent le développement orienté par les tests et les pratiques de développement collectif, comme la programmation en binôme, la programmation en groupe et la modélisation en groupe. Toutes ces techniques sont décrites plus loin dans cet ouvrage.

3. **Créer des connaissances.** Si planifier est utile, apprendre est essentiel. Nous souhaitons promouvoir des pratiques, comme l'approche itérative du travail, afin d'aider les équipes à identifier ce que veulent vraiment les parties prenantes et à agir en connaissance de cause. Il est également important pour les membres d'équipe de réfléchir régulièrement à ce qu'ils font, puis d'agir dans le but d'améliorer leur approche à travers l'expérimentation.

4. **Différer l'engagement.** Il n'est pas nécessaire de commencer le développement d'une solution par la définition d'une spécification complète. C'est d'ailleurs une technique contestable. Nous pouvons soutenir efficacement l'entreprise à travers des architectures flexibles, tolérantes au changement, et la reporter les décisions irrévocables au moment où nous disposerons de plus amples informations, à savoir le plus tard possible. Pour différer l'engagement jusqu'au dernier moment raisonnable, il est souvent nécessaire d'établir des parallèles entre scénarios métiers de bout en bout et des capacités développées ailleurs. En effet, retarder une prise de décision pour différer l'engagement dans un projet est une technique pour garder nos options ouvertes plus longtemps [Denning]. L'industrie logicielle offre d'autres mécanismes pour y parvenir. Avec la conception émergente, le test automatisé et le modèle de pensée, des décisions primordiales peuvent souvent être reportées à un moindre coût. À bien des égards, le développement logiciel Agile repose sur le concept selon lequel la livraison incrémentale n'exige pas beaucoup plus de temps à mettre en œuvre et permet aux développeurs d'économiser des efforts considérables qui auraient été déployés à la création de fonctionnalités inutiles.

5. **Développer et livrer rapidement.** Il est possible de développer et livrer rapidement des solutions de haute qualité. En limitant la quantité de travail d'une équipe à ce qu'elle est capable de faire, nous pouvons établir un flux de travail fiable et réitérable. Une organisation efficace n'exige pas de ses équipes d'aller au-delà de leurs capacités. Au contraire, elle les laisse s'auto-organiser et déterminer quels résultats elles peuvent atteindre. Le fait de restreindre les équipes à créer régulièrement des solutions potentiellement livrables les motive à rester concentrées sur l'ajout constant de valeur.

6. **Respecter les personnes.** Mary et Tom Poppendieck remarquent également que des personnes impliquées représentent un avantage durable. Autrement dit, nous avons besoin d'une approche Lean de la gouvernance, qui est au cœur de l'objectif du processus Établir la gouvernance de l'équipe de développement axé sur la motivation et la responsabilisation des équipes, et non sur leur contrôle.

7. **Optimiser globalement.** Si nous souhaitons être efficaces dans la création d'un produit, il nous faut avoir une vue d'ensemble. Nous devons comprendre les processus métiers généraux pris en charge par un flux de valeur, qui concernent souvent plusieurs systèmes et plusieurs équipes. Nous devons gérer des programmes de projets liés afin de pouvoir développer et livrer un produit ou un service complet à nos parties prenantes. Les mesures doivent évaluer notre efficacité dans la création de valeur commerciale. L'équipe doit être concentrée sur l'obtention de résultats importants pour ses parties prenantes.

L'état d'esprit DA

L'état d'esprit DA (« Disciplined Agile » ou Agilité Maîtrisée) est résumé à la figure 2.1 et décrit comme un ensemble de principes, de promesses et de lignes directrices. Nous croyons en ces principes. C'est pourquoi nous nous engageons mutuellement à faire preuve de maîtrise et de rigueur dans notre travail et à respecter des lignes directrices afin d'être efficaces.

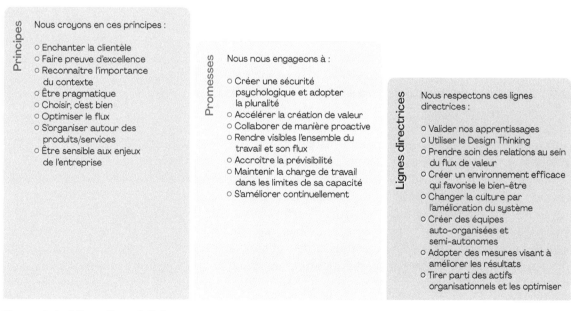

Figure 2.1. L'état d'esprit DA.

Nous croyons en ces principes.

Commençons par les huit principes de la boîte à outils DA. Ces idées ne sont pas nouvelles. Elles proviennent d'une multitude de sources, notamment « Heart of Agile » (Le Cœur de l'Agilité) d'Alistair Cockburn [CockburnHeart], « Modern Agile » de Joshua Kerievsky [Kerievsky], et, bien sûr, le *Manifeste pour le développement Agile de logiciels* décrit précédemment. En effet, la boîte à outils DA est, depuis le départ, un mélange de grandes pratiques et techniques dont le but est de montrer leur complémentarité dans la pratique. Si nous croyons fermement en une approche scientifique et en ce qui fonctionne, nous n'avons pas d'opinion arrêtée quant à la manière d'y parvenir. L'état d'esprit DA repose sur huit principes fondamentaux :

- Ravir les clients
- Être épatant
- Le contexte, c'est important
- Être pragmatique
- Pouvoir choisir, c'est bien
- Optimiser le flux
- S'organiser autour des produits et services
- Être sensible aux enjeux de l'entreprise

Principe : Ravir les clients

Les clients sont ravis lorsque nos produits et services répondent à leurs besoins et attentes, mais surtout lorsqu'ils vont au-delà. Pensez à la dernière fois que vous avez réservé une chambre d'hôtel. Avec de la chance, vous n'avez pas eu à patienter, votre chambre était disponible et tout était en ordre à votre arrivée. Le service vous a probablement convenu, mais c'est tout. À présent, imaginez que le réceptionniste vous accueille en vous appelant par votre nom, que votre en-cas préféré vous attende dans votre chambre et que l'on vous surclasse gratuitement dans une chambre avec une superbe vue, le tout sans l'avoir demandé. Vous seriez très probablement enchanté. Bien que le surclassement ne soit pas systématique, il représente un plus lorsque vous en bénéficiez, ce qui vous incite à rester fidèle à la chaîne d'hôtels.

Les organisations performantes proposent d'excellents produits et services qui ravissent leur clientèle. Si nous suivons ce que nous indique la conception des systèmes, il nous faut concevoir en gardant la clientèle à l'esprit, travailler étroitement avec elle, mais aussi procéder par petits incréments et solliciter les retours d'information, afin de mieux comprendre ce qui la ravit vraiment. En tant qu'agilistes, nous acceptons le changement, car nous savons que nos parties prenantes verront de nouvelles possibilités au fur et à mesure que leurs souhaits se dessinent avec l'évolution de la solution. Nous nous efforçons de nous occuper de notre clientèle et de découvrir ses souhaits. Il est bien plus facile de s'occuper d'un client existant que d'en attirer un nouveau. Comme Jeff Gothelf et Josh Seiden le disent si bien dans leur ouvrage intitulé *Sense & Respond*, « si vous pouvez fabriquer un produit plus facile à utiliser, qui réduise le temps nécessaire au client pour exécuter une tâche ou qui fournisse les bonnes informations au moment opportun, vous gagnerez » [SenseRespond].

Principe : Être épatant

Qui ne souhaite pas exceller dans son travail ? Qui ne voudrait pas faire partie d'une excellente équipe et travailler sur d'excellents projets pour une excellente organisation ? C'est notre souhait à tous et toutes. Récemment, Joshua Kerievsky a popularisé le concept selon lequel les équipes « Modern Agile » révèlent l'excellence en chaque personne. Évidemment, nous aussi, nous souhaitons avoir des équipes et des personnes excellentes. De même, Mary et Tom Poppendieck, tout comme Richard Sheridan dans *Joy Inc.* [Sheridan]. constatent que les personnes impliquées représentent un avantage durable. Il est important de contribuer à mettre en valeur l'excellence en chaque personne. En effet, comme Richard Branson du groupe Virgin l'a dit, « si vous prenez soin de vos employés, ils prendront soin de votre entreprise ».

Nous pouvons tous faire preuve d'excellence en suivant ces quelques conseils. Premièrement, agissez de manière à gagner le respect et la confiance de vos collègues : faites preuve de fiabilité, d'honnêteté, d'ouverture d'esprit, d'éthique et de respect. Deuxièmement, collaborez volontiers avec les autres. Partagez les informations avec les autres lorsque cela est requis, même si c'est une tâche en cours de réalisation. Offrez votre aide, si nécessaire, et n'hésitez pas à demander aussi de l'aide. Troisièmement, apprenez de manière proactive. Nous devons chercher à maîtriser notre métier, mais aussi à toujours être à l'affût d'occasions d'expérimenter et d'apprendre. Allez au-delà de votre spécialité et découvrez le processus logiciel et l'environnement commercial dans leur sens le plus large. En devenant un « spécialiste-généraliste », profil en T, nous saurons mieux d'où viennent les autres et comment interagir avec eux plus efficacement [Agile Modeling]. Quatrièmement, veillez à ne jamais décevoir votre équipe. Cela peut arriver, mais les équipes solides comprennent et pardonnent. Cinquièmement, Simon Powers [Powers] rappelle que nous devons vouloir nous améliorer et gérer nos réactions émotionnelles face à des situations difficiles. L'innovation a besoin de diversité, et la diversité des opinions peut susciter des réactions émotionnelles. Nous devons tous faire en sorte de créer un lieu de travail où les équipiers se sentent en sécurité sur le plan psychologique.

Les excellentes équipes font également le choix d'intégrer la qualité dès le départ. Lean nous dit de corriger les problèmes de qualité et notre façon de faire qui en est à l'origine. Au lieu de nous demander quelles bogues nous devons remettre à plus tard, nous devons apprendre à les éviter dès le départ. Pour cela, nous devons travailler sur de petits lots, les valider, résoudre les problèmes éventuels, puis recommencer. Le Manifeste Agile indique clairement qu'une attention constante à l'excellence technique et à une bonne conception renforce l'agilité [Manifesto].

La Direction de notre organisation peut favoriser l'excellence des membres du personnel en leur conférant l'autorité et les ressources nécessaires à leur fonction, en instaurant une culture et un environnement sécurisés (voir le principe suivant) et en les encourageant à exceller. Les personnes sont motivées par le fait d'avoir de l'autonomie dans leur travail, de pouvoir maîtriser leur métier et de faire quelque chose qui a un sens [Pink]. Que préférez-vous, un personnel motivé ou démotivé[1] ?

---

[1] Si vous pensez que des employés heureux vous reviennent cher, attendez de voir ce que vous coûtent des employés malheureux !

Principe : Le contexte, c'est important

Chaque personne est unique, avec ses propres compétences, préférences, objectifs de carrière et styles d'apprentissage. De même, chaque équipe est unique. Non seulement parce qu'elle est composée de personnes uniques, mais aussi parce qu'elle rencontre une situation unique. Notre organisation aussi est unique, bien que d'autres organisations soient présentes sur le même marché. Par exemple, des constructeurs automobiles, comme Ford, Audi et Tesla, proposent tous le même type de produit. Pourtant, il n'est pas exagéré d'affirmer que ce sont des entreprises très différentes. Ce constat, selon lequel les personnes, les équipes et les organisations sont toutes uniques, nous amène à la conclusion que la structure de nos processus et de notre organisation doit être adaptée à la situation que nous rencontrons. Autrement dit, le contexte est important.

Selon la figure 2.2, adaptée du cadre « Situation Context Framework » (SCF) [SCF], il existe plusieurs facteurs de contexte qui influencent le choix de la WoW d'une équipe. Ces facteurs sont répartis en deux catégories, à savoir les facteurs qui ont un impact significatif sur notre choix de cycle de vie (détaillés au chapitre 6) et les facteurs qui motivent notre choix de pratiques et techniques. Les facteurs de sélection des pratiques et techniques constituent un sur-ensemble des facteurs de sélection du cycle de vie. Par exemple, une équipe de huit personnes qui travaillent dans une salle commune sur un problème de domaine très complexe dans une situation règlementaire déterminante s'organisera différemment et optera pour des pratiques différentes qu'une équipe de 50 personnes réparties sur un campus d'entreprise pour traiter un problème complexe dans une situation non règlementaire. Bien que ces deux équipes puissent travailler pour la même entreprise, elles peuvent choisir de travailler de manière très différente.

La figure 2.2 engendre plusieurs conséquences intéressantes. Tout d'abord, plus on se situe à droite pour chacun des facteurs de sélection, plus le risque est élevé pour une équipe. Par exemple, il est beaucoup plus risqué de sous-traiter que de créer notre propre équipe interne. Une équipe moins compétente présente une position plus risquée qu'une équipe hautement qualifiée. Une grande équipe présente une position bien plus risquée qu'une petite équipe. Une situation règlementaire déterminante est bien plus risquée qu'une situation financière déterminante, elle-même plus risquée qu'une situation dépourvue de règlementations. Ensuite, parce que les équipes devront choisir de travailler de manière appropriée face à la situation rencontrée, nous devons leur donner le choix afin de les aider à adapter efficacement leur approche. Enfin, toute personne qui interagit avec plusieurs équipes doit être suffisamment souple pour travailler avec chacune d'elles de manière appropriée. Par exemple, nous gérerons une petite équipe critique et colocalisée différemment d'une équipe de taille moyenne dispersée sur le campus d'entreprise. De même, un architecte d'entreprise, support à deux équipes, collaborera différemment avec chacune d'entre elles.

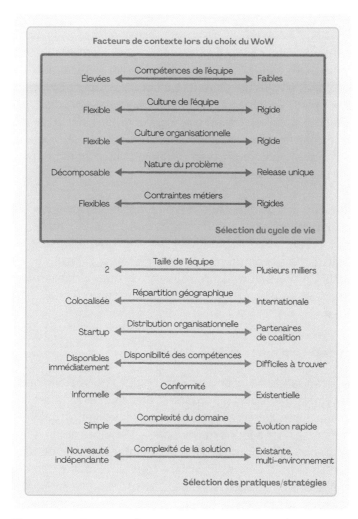

Figure 2.2. Facteurs de contexte qui influencent les choix de la WoW.

Scrum fournit ce qui était alors des conseils pertinents pour générer de la valeur de manière agile, mais Scrum n'est décrit officiellement que par un livret de 19 pages [ScrumGuide]. L'Agilité Maîtrisée (DA) reconnaît que les complexités de l'entreprise nécessitent beaucoup plus de conseils. Par conséquent, DA propose une boîte à outils de référence afin d'adapter notre approche Agile à notre contexte unique de manière simple. La capacité à adapter notre approche à notre contexte à l'aide de divers choix est préférable à la standardisation d'une technique ou d'un cadre de travail. Nous étudions cette question plus en détail ci-dessous.

Principe : Être pragmatique

Nombreux sont les agilistes à vouloir à tout prix suivre scrupuleusement des techniques spécifiques. En effet, nous avons souvent entendu dire que pour « agir Agile correctement », une équipe doit être composée de 5 à 9 personnes en plus du référent fonctionnel (Product Owner), qui représente le métier et présent à temps plein. L'équipe ne doit pas être perturbée par des personnes extérieures et doit être entièrement dédiée au projet. Néanmoins, ces conditions idéales existent rarement dans les entreprises établies. En réalité, nous devons gérer de nombreuses situations sous-optimales, comme les équipes dispersées, les grandes équipes, la sous-traitance, la coordination de plusieurs équipes et la disponibilité partielle des parties prenantes.

DA reconnaît ces réalités. Au lieu de dire « nous ne pouvons pas être Agile » dans ces situations, nous disons : « soyons pragmatiques et aussi efficaces que possible. » Au lieu de prescrire des « meilleures pratiques », DA propose des pratiques et des techniques visant à maximiser les avantages d'Agile malgré certains compromis nécessaires. Ainsi, DA est pragmatique et non puriste dans ses conseils. DA prévoit des garde-fous afin de nous aider à opter pour les meilleurs choix en matière de processus. Ce ne sont pas des règles strictes qui peuvent ne pas s'appliquer dans le contexte présent.

Principe : Pouvoir choisir, c'est bien

Imaginons que notre organisation possède plusieurs équipes qui travaillent dans diverses situations, ce qui est normal pour toutes les organisations, sauf les plus petites. Comment définir un processus qui s'applique à toutes les situations traitant les divers problèmes rencontrés par chaque équipe ? Comment le tenir à jour à mesure que les équipes acquièrent des connaissances et font évoluer leur approche ? C'est impossible. Documenter une telle démarche est extrêmement coûteux. Cela signifie-t-il que nous devons imposer à tous cette même démarche prescriptive ? Auquel cas, nous entraînerons une discordance des processus pour nos équipes, ce qui nuira à leur efficacité et augmentera la probabilité qu'elles investissent des ressources dans le but de faire croire qu'elles suivent la démarche, alors que la réalité est tout autre. Ou cela signifie-t-il que nous ne disposons pas de démarche commune de développement et que nos équipes doivent se débrouiller seules ? Bien que cela puisse fonctionner, cette démarche peut être très coûteuse et longue. Même avec un coaching, les équipes sont forcées à inventer ou à découvrir des pratiques et des techniques qui existent depuis des années, voire des dizaines d'années.

Développer de nouveaux produits, services et logiciels est une tâche complexe. Il est impossible de connaître l'avenir avec certitude. Il existe de nombreuses couches d'activités simultanées dont les relations sont difficiles à percevoir. Les systèmes sont holistiques. Il est impossible de les comprendre rien qu'en observant leurs composantes. Il faut au contraire nous pencher sur les interactions entre les composantes du système. Prenez, par exemple, une voiture. C'est un ensemble de pièces, mais c'est aussi une question d'interaction entre toutes ces pièces. Par exemple, installer un moteur plus puissant pourrait entraîner une instabilité du véhicule si le châssis ne peut pas le soutenir, voire même être dangereux si les freins ne sont plus assez efficaces.

Lorsque nous améliorons notre façon de faire, nous devons tenir compte de ce qui suit :

- les interactions entre les personnes ;
- l'influence du travail exécuté dans une partie du système sur celui des autres parties du système ;
- l'apprentissage des personnes ;
- les interactions entre les personnes à l'intérieur du système et celles à l'extérieur du système.

Ces interactions sont propres à chaque organisation. Selon le principe « le contexte, c'est important », nous devons faire des choix intelligents en fonction de notre situation. Mais comment ? Tout d'abord, nous reconnaissons que nous ne tentons pas de trouver la meilleure façon de faire dès le départ, mais plutôt de créer une série d'étapes, qui apporteront des améliorations à notre travail ou nous permettront d'apprendre quelque chose pour nous améliorer à l'avenir.

Chaque étape de cette série est présentée sous forme d'hypothèse, autrement dit une supposition selon laquelle ce sera une amélioration si nous pouvons la réaliser. Si nous nous améliorons, nous sommes satisfaits et pouvons passer à l'étape suivante. Dans le cas contraire, nous devons trouver la raison à notre échec. Nos efforts doivent aboutir à une amélioration ou un apprentissage, qui définit ensuite la prochaine action d'amélioration. Nous pouvons considérer cela comme une approche scientifique, car nous testons des actions et les validons. La cause peut être multiple : nous avons entrepris la mauvaise action, l'action n'a pas été acceptée ou l'action était hors de notre portée.

Voici un exemple. Nous remarquons que nos équipes accomplissent fréquemment plusieurs tâches à la fois. En général, cette situation apparaît lorsque des personnes travaillent sur trop de tâches qu'elles ne parviennent pas à finir rapidement. Elles passent d'une tâche à l'autre et créent des retards au niveau de leur flux de travail et de quiconque dépend d'elles. Les moyens d'y mettre fin dépendent de la ou des causes. Celles-ci sont souvent évidentes et rapidement décelées. Même si vous n'êtes pas sûr, tenter quelque chose en s'appuyant sur ce qui a fonctionné dans des situations similaires par le passé permet souvent d'obtenir de bons résultats ou d'apprendre. Grâce à DA, nous pouvons utiliser des pratiques en rapport avec notre situation. Mais pour cela, nous devons connaître les pratiques existantes que nous pouvons choisir.

À chaque contexte, technique et pratique. Les équipes doivent être en mesure de s'approprier leur processus et d'expérimenter afin de découvrir ce qui fonctionne dans la pratique compte tenu de la situation rencontrée. Comme nous l'avons vu dans le chapitre 1, le Développement Agile Maîtrisé ou DAD propose aux équipes de choisir parmi six cycles de vie et 24 objectifs de processus afin de les guider vers les bonnes pratiques et techniques étant donné la situation à laquelle nous sommes confrontés. Cela semble un peu compliqué au départ, mais cette approche s'avère être une stratégie simple pour aider à traiter les complexités que connaissent les équipes de livraison de solutions. Considérez le DAD, et DA de manière générale, comme l'échafaudage qui soutient nos efforts dans le choix et l'évolution de notre WoW.

Cette stratégie guidée par le choix est une voie médiane. À une extrémité, nous disposons de techniques normatives ayant leur place, comme Scrum, Extreme Programming (XP) et SAFe°, qui nous proposent une façon de faire. Quoi qu'en disent les détracteurs, ces techniques et cadres de travail sont plutôt efficaces dans certaines situations. Tant que nous serons dans ces situations, ils fonctionneront pour nous. Néanmoins, dans le cas contraire, ils causeront probablement plus de mal que de bien. À l'autre extrémité, nous créons nos propres techniques en observant nos difficultés, en créant de nouvelles pratiques fondées sur des principes, en les expérimentant et en tirant des enseignements. C'est ainsi que les techniques[2] prônant l'expérimentation et l'apprentissage ont développé leur approche. Cela fonctionne bien dans la pratique, mais peut être très coûteux, long et entraîner des incohérences significatives entre les équipes, ce qui nuit à l'ensemble de notre processus organisationnel. Spotify° a eu le privilège de faire évoluer son processus dans le contexte d'une entreprise axée produit, d'une architecture commune, d'une absence de dette technique et d'une culture qu'elle pouvait développer au lieu de changer, sans compter les divers experts internes. DA se situe entre ces deux extrémités. En adoptant cette approche axée sur l'objectif du processus, les équipes disposent non seulement de processus communs nécessaires au niveau organisationnel, mais aussi de conseils flexibles et simples requis pour adapter et faire évoluer leurs processus internes au contexte de la situation. Les équipes peuvent choisir, parmi des pratiques ou techniques connues, les options possibles pour ensuite les expérimenter, ce qui permet d'augmenter la probabilité de trouver celle qui fonctionne pour elles dans la pratique. Au moins, il est clair qu'elles ont le choix, qu'il existe d'autres façons que celle décrite par les techniques normatives.

Nous suscitons souvent la surprise lorsque nous affirmons que des techniques courantes, comme Scrum et Extreme Programming (XP), sont normatives. Il se trouve qu'elles le sont véritablement. Scrum prévoit un point de synchronisation quotidien (Daily Standup Meeting) de 15 minutes maximum à laquelle tous les membres de l'équipe doivent participer ; une rétrospective doit avoir lieu à la fin de chaque itération (sprint) et l'équipe ne doit pas compter plus de neuf personnes. Extreme Programming suggère que deux personnes partagent un clavier (la programmation en binôme) et de piloter le développement par les tests. Ces deux techniques sont d'excellentes pratiques dans le contexte approprié. Il n'est pas question de dire que les méthodes prescriptives sont mauvaises, mais qu'elles existent.

Afin que les personnes puissent choisir leur WoW (« Way of Working » ou façon de faire), DA a réuni des pratiques et techniques et les a mises en contexte à partir d'un large éventail de sources. Cette initiative a eu comme effet secondaire important de nous pousser rapidement à adopter une approche agnostique.

---

[2] Spotify, à l'instar d'autres techniques, est une excellente source d'idées potentielles que nous avons exploitée dans DA. Son approche expérimentale de l'amélioration du processus, que nous avons fait évoluer en expérimentations guidées (chapitre 1), est particulièrement utile. Malheureusement, de nombreuses organisations tentent d'adopter la technique Spotify à la lettre, ce que les employés de cette entreprise nous déconseillent de faire, précisément. La méthode Spotify a été très efficace pour eux, il y a quelques années. Si nous copions ce qu'ils ont fait à l'époque, ce n'est plus Spotify aujourd'hui. Notre contexte est différent, même dans l'hypothèse où nous sommes un service suédois de diffusion en ligne de musique.

Dans DA, nous avons associé des pratiques et techniques à partir de nombreuses sources, comme des techniques, des cadres de travail, des corpus de connaissances, des livres et nos expériences pratiques qui aident des organisations à s'améliorer. Ces sources utilisent une terminologie qui leur est propre, se recoupent parfois entre elles, ont des objectifs différents, sont fondées sur des états d'esprit distincts et, très honnêtement, se contredisent souvent. Le chapitre 3 explique plus en détail comment DA est une boîte à outils hybride qui offre des conseils agnostiques. Comme nous l'avons décrit précédemment, la direction doit encourager l'expérimentation précoce dans l'intérêt d'apprendre et de s'améliorer aussi rapidement que possible. Néanmoins, nous pensons qu'en faisant référence aux pratiques et techniques éprouvées dans DA, nous ferons de meilleurs choix selon notre contexte, ce qui accélérera l'amélioration du processus et réduira les échecs. De meilleurs choix mènent à de meilleurs résultats, plus tôt.

Principe : Optimiser le flux

Si Agile a de nombreux points communs avec la pensée Lean, les principes de flux semblent aller au-delà de ces deux méthodes. Dans son ouvrage *Principles of Product Development Flow: 2nd Edition*, Don Reinertsen [Reinertsen] propose des actions plus directes afin d'accélérer la création de valeur. En observant le flux de valeur, les équipes peuvent collaborer en vue de mettre en place efficacement les chaînes de valeur de notre organisation. Bien que chaque équipe ne soit qu'une partie de la chaîne de valeur, elle peut identifier comment s'aligner sur les autres afin de maximiser la création de valeur.

Par conséquent, en tant qu'organisation, nous devons optimiser l'ensemble de notre flux de travail. DA comprend des pratiques et techniques Agile, Lean et de flux afin d'y parvenir.

1. **Optimiser globalement.** Les équipes DA tiennent compte du contexte de l'entreprise. Elles sont conscientes que leur organisation a de nombreuses autres équipes. Par conséquent, elles doivent agir dans l'intérêt de l'organisation et ne pas faire uniquement ce qui les arrange. Mais surtout, elles s'efforcent de rationaliser le processus global, d'optimiser l'ensemble, comme nous le dit le canon Lean. Cela consiste notamment à trouver des moyens de réduire la durée totale du cycle, c'est-à-dire le laps de temps entre le début et la fin du processus de création de valeur au client [Reinertsen].
2. **Mesurer ce qui est important.** Le conseil de Don Reinertsen (« Si vous ne quantifiez qu'une chose, quantifiez le coût du délai. ») nous donne une idée de ce que nous devons optimiser au niveau de l'organisation. Le « coût du délai » représente le coût pour une entreprise exprimé en valeur lorsqu'il a été décidé de développer ou de livrer un produit plus tard. Pour une organisation ou un flux de valeur d'une organisation, et même d'une équipe, nous obtiendrons les résultats souhaités. Certains de ces résultats seront orientés client, tandis que d'autres seront orientés amélioration. (Ces derniers découlent souvent de l'amélioration des résultats orientés client.) Nos mesures doivent avoir pour but d'aider à améliorer les résultats ou notre capacité à obtenir de meilleurs résultats.

3. **Développer et livrer par petits lots de manière continue à un rythme soutenable.** Avec des petits lots de travail, nous pouvons non seulement obtenir plus rapidement un retour d'information, mais aussi éviter de concevoir des éléments de moindre valeur qui se retrouvent souvent dans un projet. Le Dr Goldratt, créateur de la Théorie des contraintes, a déclaré que « la réduction de la taille des lots suffit souvent à mettre un système sous contrôle » [Goldratt]. En livrant fréquemment des solutions consommables, nous pouvons ajuster ce qui est réellement nécessaire et éviter de concevoir des éléments qui ne le sont pas. Par « consommable », nous entendons ce qui est utilisable, souhaitable et fonctionnel (pour répondre aux besoins des parties prenantes concernées). Le terme « solution » désigne un élément pouvant inclure un logiciel, du matériel, des changements d'un processus métier, des changements de la structure organisationnelle des personnes qui utilisent la solution et, bien sûr, toute documentation justificative.

4. **Traiter les retards en gérant les files d'attente.** En gérant les files d'attente (travail en attente d'être traité), nous pouvons identifier les goulots d'étranglement et les éliminer à l'aide de concepts Lean, de la Théorie des contraintes et de Kanban. Il est ainsi possible de supprimer les retards au niveau du flux de travail à l'origine du surcroît de travail.

5. **S'améliorer continuellement.** L'optimisation du flux nécessite un apprentissage et une amélioration en permanence. L'objectif du processus Faire évoluer la WoW comprend des pratiques et techniques visant à améliorer l'environnement de travail de notre équipe, notre processus et l'infrastructure de nos outils au fil du temps. Le choix de notre WoW se fait de manière continuelle. Cet apprentissage ne concerne pas uniquement notre façon de faire, mais ce sur ce quoi nous travaillons. L'élément le plus important des travaux d'Eric Ries dans l'ouvrage *Lean Startup* est probablement la vulgarisation de l'état d'esprit d'expérimentation, à savoir l'application de concepts fondamentaux de la méthode scientifique à l'entreprise. Cet état d'esprit peut être transposé à l'amélioration du processus en se fondant sur une technique GCI (être guidé par l'amélioration continue) décrite dans le chapitre 1. La validation de nos apprentissages constitue l'une des lignes directrices de l'état d'esprit DA. L'amélioration continue est aussi l'une des promesses que se font mutuellement les agilistes (voir ci-dessous).

6. **Préférer les équipes produits impliquées et pérennes.** Une tendance communément observée dans la communauté Agile est de préférer les équipes produits pluridisciplinaires aux équipes projets. Cela nous mène au principe suivant, à savoir s'organiser autour des produits et services.

Principe : S'organiser autour des produits et services

Il est primordial de s'organiser autour des produits et services, ou plus simplement, des offres que nous proposons à nos clients, et cela pour plusieurs raisons. Nous entendons par là ne pas s'organiser autour des expertises professionnelles, comme avoir un groupe de vendeurs, un groupe d'analystes métier, un groupe d'analystes des données, un groupe de gestionnaires des fournisseurs, un groupe de managers de projet, etc. Dans cette configuration, le problème vient des frais généraux et du temps requis pour gérer le travail entre ces équipes disparates et l'harmonisation de leurs priorités divergentes. Au lieu de cela, nous constituons des équipes impliquées et centrées sur le développement d'une offre à un ou plusieurs clients. Ces équipes seront pluridisciplinaires, car elles comptent des personnes ayant des compétences en vente, en analyse métier et en management, entre autres.

S'organiser autour des produits et services nous permet d'identifier et d'optimiser les flux importants, à savoir les flux de valeur. Nous constaterons qu'un ensemble d'offres liées définira un flux de valeur que nous proposons à notre clientèle. Ce flux de valeur sera implémenté par les équipes chargées de ces développements. La couche flux de valeur de la boîte à outils DA, comprise dans le cycle de vie DA FLEX, est décrite au chapitre 1.

En nous organisant autour des produits et services, nous pouvons nous focaliser sur la satisfaction de la clientèle. Stephen Denning appelle cela la Loi du client, selon laquelle tout le monde doit s'impliquer totalement pour apporter une valeur ajoutée à la clientèle [Denning]. Dans l'idéal, il s'agit de clients externes, autrement dit les personnes ou organisations que notre organisation doit servir. Mais il arrive que ce soient des clients internes, d'autres groupes ou personnes avec qui nous collaborons afin de leur permettre de servir leur clientèle plus efficacement.

Dans un flux de valeur, il a été constaté que les équipes produits pluridisciplinaires et dévouées qui restent soudées au fil du temps étaient les plus efficaces dans la pratique [Kersten]. Cela étant dit, il y aura toujours des activités de type gestion de projet. Le chapitre 6 montre que DA prend en charge les cycles de vie adaptés aux équipes projets, ainsi qu'aux équipes produits dédiées. Rappelons que pouvoir choisir, c'est bien.

Principe : Être sensible aux enjeux de l'entreprise

Les personnes sensibles aux enjeux de l'entreprise sont disposées à tenir compte des besoins généraux de leur organisation, de s'assurer qu'elles contribuent de manière positive aux objectifs de l'organisation et non seulement aux objectifs sous-optimaux de leur équipe. Voici un exemple du principe Lean d'optimisation globale. Dans cet exemple, « la globalité » représente l'organisation, ou tout au moins le flux de valeur, au-dessus de l'optimisation locale au niveau de l'équipe.

La conscience des enjeux de l'entreprise modifie les comportements des personnes de manière positive à plusieurs points de vue. Premièrement, elles sont plus susceptibles de se rapprocher des acteurs de l'entreprise afin d'obtenir leurs conseils. Ces personnes, comme les architectes d'entreprise, les chefs produit, les professionnels des finances, les auditeurs et les hauts dirigeants, sont responsables des stratégies commerciales et techniques, mais aussi de l'évolution de la vision globale de l'organisation. Deuxièmement, les personnes sensibles aux enjeux de l'entreprise sont plus susceptibles d'optimiser et de faire évoluer les actifs existants au sein de l'organisation, en collaborant avec les responsables de ces actifs (comme les données, le code et les modèles ou techniques éprouvés). Troisièmement, elles sont plus susceptibles d'adopter et de suivre les conseils, en les adaptant si nécessaire, ce qui accroît la cohérence et la qualité d'ensemble. Quatrièmement, elles sont plus susceptibles de partager leurs apprentissages entre équipes, ce qui accélère les efforts d'amélioration globale de notre organisation. En effet, l'une des lames de processus de DA, l'amélioration continue, consiste à aider les personnes à partager leurs apprentissages. Cinquièmement, les personnes sensibles aux enjeux de l'entreprise sont plus susceptibles de vouloir travailler en toute transparence, bien qu'elles s'attendent à une réciprocité.

Des conséquences négatives peuvent éventuellement apparaître. Certaines personnes pensent que la conscience des enjeux de l'entreprise exige cohérence et respect de la démarche de la part des équipes, sans réaliser que le contexte a son importance et que chaque équipe doit décider en matière de démarche (dans certaines limites ou ce que l'on appelle couramment les « garde-fous »). La conscience des enjeux de l'entreprise peut entraîner certaines personnes dans un état de « paralysie d'analyse », où elles sont incapables de prendre une décision, car elles sont submergées par la complexité de l'organisation.

Nos promesses

Parce que les agilistes croient dans les principes de DA, ils promettent d'adopter des comportements afin de travailler plus efficacement aussi bien dans leur équipe qu'avec les autres. Ces promesses sont définies pour créer des synergies dans la pratique, avec des boucles de rétroaction positives entre elles. Les promesses de l'état d'esprit DA sont :

- créer une sécurité psychologique et adopter la pluralité ;
- accélérer la création de valeur ;
- collaborer de manière proactive ;
- rendre visibles l'ensemble du travail et son flux ;
- accroître la prévisibilité ;
- maintenir la charge de travail dans les limites de sa capacité ;
- s'améliorer continuellement.

Promesse : créer une sécurité psychologique et adopter la pluralité

La sécurité psychologique est la faculté d'agir sans crainte de conséquences négatives sur son statut, sa carrière ou l'estime de soi. Nous devrions nous sentir à l'aise à être nous-mêmes dans le cadre de notre travail. D'après une étude menée chez Google en 2015, les équipes performantes garantissent une sécurité psychologique à leurs membres, ces derniers peuvent compter les uns sur les autres, les rôles et les responsabilités sont structurés et clairs, et leur travail a du sens et de la valeur pour eux [Google].

La sécurité psychologique va de pair avec la pluralité, à savoir la reconnaissance que tout le monde est unique et peut contribuer à apporter de la valeur de différentes façons. Parmi les dimensions du caractère unique des personnes figurent, notamment, l'origine, l'appartenance ethnique, le genre, l'orientation sexuelle, l'agilité, les capacités physiques, le statut socio-économique, les croyances religieuses, les convictions politiques et les autres croyances idéologiques. La pluralité est essentielle à la réussite d'une équipe, car elle favorise l'innovation. Plus notre équipe est variée, plus nos idées seront bonnes, plus notre travail sera efficace et plus nous apprendrons les uns des autres.

Il existe plusieurs techniques pour cultiver notre sécurité psychologique et notre pluralité au sein d'une équipe.

1. **Faire preuve de respect.** Nous sommes tous différents, avec nos propres expériences et préférences. Aucun de nous n'est plus intelligent que les autres. Il faut respecter les connaissances des autres que nous ne possédons pas et reconnaître le fait qu'ils aient une opinion différente et importante.
2. **Faire preuve d'humilité.** C'est, à bien des égards, indispensable pour continuer à apprendre et à faire preuve de respect.
3. **Faire preuve d'éthique et être digne de confiance.** Il sera plus facile de travailler et d'interagir avec les personnes si elles nous font confiance. Si la confiance s'établit au fil du temps par le biais d'une série d'actions, elle peut être anéantie instantanément par une seule d'entre elles.
4. **Pouvoir échouer en toute sécurité.** Dans le monde Agile, il existe un concept selon lequel il faut « apprendre rapidement de ses échecs ». Nous préférons le conseil d'Al Shalloway : « permettre d'échouer en toute sécurité pour pouvoir apprendre vite ». Autrement dit, il ne faut pas hésiter à essayer, même si cela peut aboutir à un échec. L'important est d'apprendre rapidement et en toute sécurité. Veuillez noter que le terme « sécurité » fait référence à la sécurité psychologique et à la sécurité de notre travail. Comme nous l'avons vu au chapitre 1, l'objet de l'amélioration continue guidée est de tester de nouvelles façons de faire (« Way of Working » ou WoW) avec l'espoir qu'elles nous seront utiles, tout en étant préparés à tirer des enseignements de nos échecs.

Promesse : accélérer la création de valeur

Une question importante est de se demander : qu'est-ce que la valeur ? En général, les agilistes se concentrent sur la valeur pour le client, autrement dit l'avantage que le client final tire de l'utilisation du produit ou service que notre équipe contribue à fournir. C'est un point important, mais dans DA, il est clairement stipulé que les équipes interagissent avec diverses parties prenantes, notamment des clients finaux externes. Faut-il donc créer de la valeur pour elles aussi ?

Dans *The Art of Business Value*, Mark Schwartz distingue deux types de valeur, à savoir la valeur client et la valeur commerciale [Schwartz]. La valeur reflète le fait que certaines choses sont bénéfiques pour notre organisation et peut-être uniquement de façon indirecte pour notre clientèle. Par exemple, investir dans l'architecture d'entreprise, les infrastructures réutilisables et le partage des innovations au sein de notre organisation offre le potentiel d'améliorer la cohérence, la qualité et la fiabilité, mais aussi de réduire les coûts à long terme. Ces aspects ont une grande valeur pour notre organisation, mais n'ont qu'un faible impact direct sur la valeur pour le client. Pourtant, travailler en gardant à l'esprit les enjeux de l'entreprise est clairement une démarche intelligente.

Il existe plusieurs façons d'accélérer la création de valeur.

1. **Travailler sur de petits éléments de haute valeur.** En travaillant immédiatement sur l'élément qui a le plus de valeur, nous augmentons le retour sur investissement global de nos efforts. En travaillant sur de petits éléments et en les livrant rapidement aux parties prenantes, nous réduisons le coût de délai global, ainsi que notre cycle de retour d'information. C'est une pratique très courante dans la communauté Agile, et sans doute une composante Agile fondamentale.
2. **Réutiliser les actifs existants.** Notre organisation possède très certainement de nombreux actifs dont nous pouvons profiter, comme des outils, des systèmes, des sources de données et des normes. Toutefois, nous devons choisir de les trouver, nous avons besoin de soutien pour y avoir accès et apprendre en quoi ils consistent, et nous devons probablement déployer certains efforts pour les améliorer et les adapter à notre situation. L'une des lignes directrices de l'état d'esprit DA, décrite plus loin dans ce chapitre, consiste à tirer parti des actifs organisationnels et à les améliorer.
3. **Collaborer avec d'autres équipes.** Une manière simple d'accélérer la création de valeur repose sur la collaboration pour exécuter une tâche. Gardez à l'esprit cet ancien proverbe : l'union fait la force.

Promesse : collaborer de manière proactive

Les agilistes s'efforcent d'ajouter de la valeur à l'ensemble, et pas seulement au travail au niveau individuel ou de l'équipe. Nous souhaitons collaborer proactivement aussi bien avec les membres de notre équipe qu'avec les personnes extérieures. Attendre une sollicitation pour agir consiste à faire preuve de passivité. Remarquer qu'une personne a besoin d'aide et prendre l'initiative de le faire revient à agir de manière proactive. Nous avons vu qu'il existe trois grandes possibilités de collaborer de manière proactive.

1. **Au sein de notre équipe.** Notre priorité doit être de viser l'excellence, de collaborer avec nos collègues et de les aider, si nécessaire. Si vous constatez qu'un collègue est surchargé de travail ou a du mal à accomplir sa tâche, n'attendez pas qu'il vous sollicite, mais prenez les devants.
2. **Avec nos parties prenantes.** Les équipes remarquables entretiennent une excellente relation professionnelle avec leurs parties prenantes. Leur collaboration a pour but de s'assurer qu'elles répondent bien à leurs besoins.
3. **Au-delà des limites de l'organisation.** Dans le chapitre 1, nous avons vu qu'une organisation est un système adaptatif complexe d'équipes qui interagissent entre elles.

Promesse : rendre visibles le travail et son flux

Les équipes DA et leurs membres individuellement rendent visibles l'ensemble de leur travail et leur façon de faire[3]. On parle souvent de « transparence radicale », l'idée étant de faire preuve d'ouverture d'esprit et d'honnêteté vis-à-vis des autres. Tout le monde n'est pas à l'aise avec ce concept.

Les organisations aux techniques traditionnelles ont beaucoup de projets dit pastèques (verts à l'extérieur et rouges à l'intérieur), dans le sens où elles affirment s'en sortir alors qu'elles sont en difficulté. La transparence contribue de manière essentielle à une gouvernance efficace et à la collaboration, car les employés ont la possibilité de voir sur quels projets travaillent actuellement leurs collègues.

Il n'est pas rare que les équipes DA rendent leur travail visible aussi bien à l'échelle individuelle qu'au niveau de l'équipe. Il est primordial de se concentrer sur nos en-cours de production, lesquels sont plus vastes que le travail en cours. Le travail en cours représente les tâches que nous sommes en train d'exécuter. Les en-cours de production englobent le travail en cours, ainsi que toute tâche en attente de traitement. Les agilistes se concentrent donc sur les en-cours de production.

Les équipes DA favorisent la visibilité de leur flux de travail. Elles ont donc des politiques de flux de travail claires afin que tout le monde puisse se positionner par rapport aux autres. La visibilité renforce la collaboration : il existe des accords quant à la façon de faire ensemble. Par ailleurs, elle soutient l'amélioration du processus, car elle nous permet de comprendre la situation actuelle et accroît ainsi la probabilité de déceler nos problèmes potentiels. Il est important d'avoir une façon de faire agnostique et pragmatique, étant donné que nous souhaitons faire de notre mieux dans notre contexte.

---

[3] Cette visibilité peut être limitée par la nécessité de conserver le secret lié soit à la concurrence, soit à la réglementation.

Promesse : accroître la prévisibilité

Les équipes DA s'efforcent d'améliorer leur prévisibilité afin de pouvoir collaborer et s'auto-organiser plus efficacement, et ainsi accroître la probabilité de remplir tout engagement pris envers leurs parties prenantes. Un grand nombre de nos promesses précédentes tendent vers l'accroissement de la prévisibilité. Pour savoir comment accroître la prévisibilité, il est souvent utile d'identifier les causes de l'imprévisibilité, comme la dette technique et la surcharge de travail, puis de s'attaquer à ces difficultés.

Parmi les techniques courantes visant à accroître la prévisibilité figurent les suivantes.

- **Rembourser la dette technique.** La dette technique désigne le coût d'un futur remaniement ou d'une future reprise visant à améliorer la qualité d'un actif afin qu'il soit plus facile à maintenir et à étendre. Plus notre dette technique est importante, plus il est difficile de prévoir l'ampleur des efforts à déployer. Il est bien plus facile de travailler avec des actifs de haute qualité par rapport aux actifs de faible qualité. La dette technique est en grande partie cachée. (Nous ne connaissons pas vraiment les conséquences du code source que nous allons modifier ou nous ne savons pas ce qui se cache derrière le mur que nous nous apprêtons à abattre pour rénover notre cuisine.) Par conséquent, nous découvrons souvent des surprises en chemin. Le remboursement de la dette technique, décrite par l'objectif du processus Améliorer la qualité, représente une technique importante pour accroître la prévisibilité de notre travail.
- **Respecter les limites du travail en cours.** Lorsque les personnes sont proches de leur capacité maximale ou l'atteignent, il devient difficile de prévoir le temps nécessaire pour accomplir une tâche. Une tâche qui devait être faite en 2 journées de travail nous prend 3 mois parce que nous l'avons laissée en attente tout ce temps ou parce que nous procédons petit à petit sur cette période. Pire encore, plus une personne a du travail, plus ses cycles de retour d'information s'allongent, ce qui génère encore davantage de travail (voir ci-dessous) et rajoute une charge de travail supplémentaire. Par conséquent, nous devons maintenir la charge de travail dans les limites des capacités, une autre de nos promesses.
- **Adopter une approche « tester d'abord ».** Avec une approche « tester d'abord », nous réfléchissons en premier au test à effectuer avant de concevoir un élément. Ainsi, nos tests ont le double avantage de spécifier et de valider notre travail, ce qui est tout à fait susceptible de nous motiver à créer un produit de qualité supérieure. Cette approche accroît également notre prévisibilité, car nous comprendrons mieux notre tâche avant de nous y atteler. Plusieurs pratiques courantes s'appuient sur une approche « tester d'abord », notamment le développement piloté par les tests d'acceptation (Acceptance Test-Driven Development, ATDD) [ExecutableSpecs], au cours duquel nous saisissons des exigences détaillées via des tests d'acceptation fonctionnels, et le développement orienté par les tests (Test-Driven Development, TDD) [Beck; TDD], où notre conception est saisie comme tests du développeur fonctionnels.

- **Raccourcir les cycles de retour d'information.** Un cycle de retour d'information est le laps de temps compris entre l'exécution d'une tâche et la réception d'un retour d'information. Par exemple, lorsque nous rédigeons une note, l'envoyons à des collègues pour savoir ce qu'ils en pensent et recevons une réponse 4 jours plus tard, le cycle de retour d'information est de 4 jours. En revanche, si nous rédigeons tous ensemble une note (une technique appelée binômage), le cycle de retour d'information sera de l'ordre de quelques secondes, car nos collègues voient en temps réel ce que nous saisissons et donnent leur avis simultanément. Avec des cycles de retour d'information courts, nous pouvons agir rapidement et améliorer la qualité de notre travail, ce qui accroît notre prévisibilité et la probabilité de ravir notre clientèle. Les cycles de retour d'information longs sont problématiques. En effet, plus le délai de réception du retour d'information est long, plus la probabilité d'appuyer notre travail sur un problème est grande. Le résultat se traduit par un coût supplémentaire de résolution, car il faut traiter le problème d'origine et tout élément qui en découle. Avec des cycles de retour d'information longs, il existe un risque que les exigences du travail évoluent, soit parce qu'un élément de l'environnement a évolué, soit parce qu'une personne a changé d'avis. Ces deux situations entraînent une surcharge de travail (comme abordé précédemment).

Promesse : maintenir la charge de travail dans les limites de la capacité

Le dépassement de la capacité représente un problème aussi bien à l'échelle personnelle qu'au niveau de la productivité. À l'échelle personnelle, surcharger une personne ou une équipe renforce souvent le sentiment de frustration ressenti par les personnes concernées. Bien que la surcharge de travail puisse motiver certaines personnes à travailler davantage sur le court terme, elle entraîne un épuisement à long terme, et peut même pousser des personnes à abandonner et démissionner, car la situation leur paraît désespérée. Au niveau de la productivité, la surcharge de travail est la cause du multitâche, ce qui augmente les coûts généraux. Nous devons maintenir la charge de travail dans les limites de la capacité à l'aide des principes suivants :

- **Travailler sur de petits lots.** Avec cette approche, nous sommes en mesure de nous concentrer sur la réalisation d'un petit lot et de passer au petit lot suivant.
- **Constituer correctement l'équipe.** Les équipes pluridisciplinaires et dotées d'effectifs suffisants nous permettent de davantage maintenir la charge de travail dans les limites de leur capacité, car les dépendances sont réduites. Plus nous sommes dépendants, moins notre travail est prévisible et, par conséquent, plus il est difficile de s'organiser.
- **Considérer le flux de travail.** En observant l'ensemble de notre flux de travail, nous pouvons situer notre capacité en cherchant les goulots d'étranglement lorsque le travail est mis en attente. Nous pouvons ensuite adapter notre WoW afin d'éliminer le goulot d'étranglement, en transférant les personnes d'une activité à une autre nécessitant plus de capacité, ou en améliorant notre approche de l'activité sujette à un goulot d'étranglement. Notre objectif est d'optimiser le flux dans toute la chaîne de valeur dont nous faisons partie, et pas seulement d'optimiser localement notre propre flux de travail.
- **Utiliser un système en flux tiré.** L'un des avantages du travail à flux tiré lorsque nous sommes prêts réside dans le fait que nous pouvons gérer notre propre niveau de charge de travail.

Promesse : s'améliorer continuellement

Les grandes organisations les plus renommées, comme Apple, Amazon, eBay, Facebook et Google, doivent leur réussite à l'amélioration continue. Elles ont compris que, pour rester compétitives, elles devaient constamment rechercher des moyens d'améliorer leurs processus, les résultats qu'elles offrent à leurs clients et leur structure organisationnelle. C'est pourquoi ces organisations adoptent une approche de l'amélioration fondée sur la technique Kaizen via de petits changements. Dans le chapitre 1, nous avons vu que nous pouvons encore nous améliorer en adoptant une approche GCI reposant sur la base de connaissances contenue dans la boîte à outils DA.

L'amélioration continue exige que nous nous accordions sur les points à améliorer. Nous avons constaté que les équipes attachées à mieux respecter les promesses décrites dans les présentes, notamment en s'améliorant davantage, ont tendance à obtenir des résultats en la matière plus rapidement que les autres. Il est clairement avantageux pour notre équipe de soutenir la sécurité et la pluralité, de renforcer la collaboration, d'accroître la prévisibilité et de maintenir la charge de travail dans les limites de ses capacités. Notre organisation en tire également profit lorsque nous nous améliorons par rapport aux autres promesses.

Nous respectons ces lignes directrices.

Pour tenir leurs promesses, les agilistes choisiront de suivre un ensemble de lignes directrices afin de travailler de manière plus efficace. Les lignes directrices de l'état d'esprit DA sont :

1. valider nos apprentissages ;
2. utiliser le Design Thinking ;
3. prendre soin des relations au sein du flux de valeur ;
4. créer un environnement efficace qui favorise le bien-être ;
5. changer la culture par l'amélioration du système ;
6. créer des équipes auto-organisées et semi-autonomes ;
7. adopter des mesures visant à améliorer les résultats ;
8. tirer parti des actifs organisationnels et les améliorer.

Ligne directrice : valider nos apprentissages

La seule façon d'exceller consiste à expérimenter, puis à adopter une nouvelle WoW, si nécessaire. Dans le flux de travail GCI, après avoir expérimenté une nouvelle façon de faire, nous évaluons son efficacité, une approche appelée validation des apprentissages. Dans le meilleur des cas, nous découvrons que notre nouvelle façon de faire est adaptée à notre contexte. Mais il est également possible que ce soit le contraire. Dans les deux cas, nous avons validé ce que nous avons appris. Être en mesure d'expérimenter et en avoir la volonté sont essentiels à nos efforts d'amélioration du processus. Souvenez-vous de l'aphorisme de Mark Twain : « [c]e n'est pas ce que vous ne savez pas qui vous attire des ennuis, c'est ce que vous savez avec certitude et qui n'est pas vrai. »

La validation des apprentissages ne se limite pas à l'amélioration du processus. Nous devons également appliquer cette technique à l'offre de produits ou services que nous proposons à nos clients. Nous pouvons la concevoir par fines tranches, proposer des changements à nos parties prenantes, puis évaluer l'efficacité du changement dans la pratique. Il est possible de faire une démonstration de notre offre à nos parties prenantes ou, mieux encore, livrer nos changements aux utilisateurs finaux et évaluer si cela leur était profitable.

Ligne directrice : utiliser le Design Thinking

Pour ravir notre clientèle, nous devons reconnaître que notre travail consiste à créer des flux de valeur opérationnelle conçus et pensés pour elle. Dans cette optique, nous devons faire appel au Design Thinking. Selon cette méthode, il convient de faire preuve d'empathie envers la clientèle afin de tenter de comprendre son environnement et ses besoins avant de développer une solution. Le Design Thinking représente un glissement fondamental d'une conception de systèmes depuis notre point de vue vers la résolution des problèmes de la clientèle de manière créative et, encore mieux, la satisfaction des besoins dont elle n'avait pas encore connaissance.

Le Design Thinking est une approche exploratoire qu'il convient d'utiliser pour examiner de façon itérative un espace de problème et identifier des solutions possibles. Il tire ses origines de la conception centrée sur l'utilisateur, ainsi que de la conception centrée sur l'utilisation, toutes les deux ayant influencé la modélisation Agile, l'une des nombreuses techniques dont la boîte à outils DA a adopté les pratiques. Dans le chapitre 6, nous verrons que DA inclut le cycle de vie exploratoire qui est spécifiquement utilisé pour explorer un nouvel espace du problème.

Ligne directrice : prendre soin des relations au sein du flux de valeur

L'un des points forts du Manifeste Agile est sa première valeur, à savoir les individus et leurs interactions plus que les processus et les outils. Un autre de ses points forts est l'accent mis sur les équipes dans ses principes. Néanmoins, cela a pour inconvénient de mettre de côté les interactions entre les personnes dans différentes équipes, voire dans différentes organisations. D'après notre expérience, les interactions entre les personnes sont absolument essentielles, qu'elles fassent partie ou non de l'équipe. Nous pensons d'ailleurs que c'est ce qu'ont voulu dire les auteurs du manifeste. Par conséquent, si un chef de produit doit travailler en étroite collaboration avec l'équipe d'analystes des données de notre organisation afin de mieux comprendre la situation du marché et avec notre équipe stratégie pour mettre ces observations dans leur contexte, nous voulons nous assurer que ces interactions sont efficaces. Nous devons collaborer proactivement avec ces équipes afin de soutenir l'ensemble du travail.

Il est important de se soucier et de favoriser des processus interactifs sains pour les personnes concernées. Ils doivent être soutenus et rendus possibles par la direction de notre organisation. En effet, il existe une technique appelée « middle-up-down management » [Nonaka], où la direction « lève la tête » vers le flux de valeur pour savoir ce qui est nécessaire, permet à l'équipe de satisfaire ce besoin et collabore avec les équipes en aval pour coordonner efficacement le travail. L'objectif est d'effectuer une coordination locale de façon à renforcer l'optimisation du flux de travail global.

Ligne directrice : créer un environnement efficace qui favorise le bien-être

Pour reprendre le Manifeste Agile, les équipes excellentes sont constituées de personnes motivées disposant de l'environnement et du soutien nécessaires pour atteindre leurs objectifs. Faire preuve d'excellence consiste en partie à prendre du plaisir et à être heureux. Nous souhaitons que notre entreprise offre une expérience de travail exceptionnelle afin d'attirer et de conserver les meilleurs professionnels. Lorsqu'il est bien fait, le travail est un plaisir.

Nous pouvons rendre notre travail plus plaisant en créant un environnement propice à une bonne collaboration. Une technique clé pour y parvenir consiste à laisser les équipes s'auto-organiser, autrement dit les laisser choisir et faire évoluer leur WoW, leur structure organisationnelle et leur environnement de travail. Les équipes doivent procéder en tenant compte des enjeux de l'entreprise. En d'autres termes, nous devons collaborer avec d'autres équipes, suivre des procédures et des normes organisationnelles, mais aussi gérer des contraintes. Le métier de direction consiste à offrir un bon environnement aux équipes pour commencer, puis à les soutenir et à les aider à s'améliorer à mesure qu'elles acquièrent des connaissances.

Ligne directrice : changer la culture par l'amélioration du système

Peter Drucker est l'auteur de la célèbre citation « la culture mange la stratégie au petit-déjeuner ». La communauté agile tient particulièrement à cœur cette philosophie qui se reflète clairement dans la nature du Manifeste Agile axée sur les personnes. Si la culture est importante, le changement de culture représente une composante essentielle de la transformation agile d'une organisation. Malheureusement, il n'est pas possible de la changer directement, car la culture est le reflet du système de management en place. Par conséquent, pour changer notre culture, nous devons faire évoluer notre système tout entier.

Au niveau systémique, le système représente la somme de ses composantes et de leurs interactions [Meadows]. Dans le cas d'une organisation, les composantes sont les équipes et groupes ainsi que les outils et les autres actifs, numériques et physiques, qu'ils utilisent. Les interactions sont les collaborations entre les personnes guidées par leurs rôles, leurs responsabilités et leur WoW. Pour améliorer un système, nous devons faire évoluer aussi ses composantes et leurs interactions de concert.

Pour améliorer les composantes de notre système organisationnel, nous devons faire évoluer la structure de notre équipe, ainsi que les outils et actifs que nous utilisons pour faire notre travail. La prochaine ligne directrice de l'état d'esprit DA, à savoir créer des équipes auto-organisées et semi-autonomes, aborde l'aspect équipe. L'objectif du processus Améliorer la qualité comprend des options visant à améliorer la qualité de notre infrastructure, qui a tendance à être une initiative à long terme nécessitant un investissement important. Pour améliorer les interactions entre les composantes, qui l'objet de ce livre, nous devons faire évoluer les rôles et les responsabilités des personnes de nos équipes et leur permettre de faire évoluer leur WoW.

Pour résumer, si nous améliorons notre système, notre culture changera. Afin de nous assurer que le changement de culture est positif, nous devons adopter une approche de validation des apprentissages de ces améliorations.

Ligne directrice : créer des équipes auto-organisées et semi-autonomes

Les organisations sont des systèmes complexes adaptatifs (CAS) composés d'un réseau d'équipes ou d'une équipe d'équipes, si vous préférez. Bien que l'agilité traditionnelle nous invite à créer des « équipes complètes » possédant toutes les compétences et les ressources requises pour obtenir les résultats dont elles ont été chargées, la réalité est qu'aucune équipe ne peut rester isolée. L'idéal serait d'avoir des équipes autonomes, mais il existe toujours des dépendances aux autres équipes en amont dont nous faisons partie, mais aussi en aval de nous. De plus, il existe des dépendances entre les offres (produits et services) qui nécessitent une collaboration entre les équipes responsables. Cette structure organisationnelle en réseau d'équipes est recommandée par Stephen Denning dans sa Loi du réseau [Denning], par Mik Kersten dans sa recommandation de passer d'équipes projet à équipes produit [Kersten], par John Kotter dans Accelerate [Kotter], par Stanley McChrystal dans sa stratégie d'équipe d'équipes [MCSF], et par bien d'autres encore.

Les équipes collaboreront proactivement avec d'autres équipes de manière régulière. C'est d'ailleurs l'une des promesses de l'état d'esprit DA. Les équipes excellentes sont aussi complètes que possible : elles sont pluridisciplinaires, possèdent les compétences, les ressources et l'autorité nécessaires à leur réussite, et leurs membres sont généralement des spécialistes-généralistes pluridisciplinaires. Par ailleurs, elles sont organisées autour des produits ou services offerts par le flux de valeur dont elles font partie. Fait intéressant, avec des équipes dédiées aux parties prenantes, la budgétisation est beaucoup plus simple, car il suffit de calculer le budget des personnes alignées sur chaque produit ou service.

La création d'équipes semi-autonomes représente un bon début, mais l'auto-organisation dans le contexte du flux de valeur est aussi un aspect sur lequel nous devons nous pencher. Les équipes seront auto-organisées, mais dans le contexte du flux de travail global dont elles font partie. N'oubliez pas les principes d'optimisation du flux et de conscience des enjeux de l'entreprise, dans le sens où les équipes doivent s'efforcer d'agir dans l'intérêt de l'organisation et non faire ce qui les arrange. Si d'autres équipes adoptent cette même façon de faire, nous devenons tous meilleurs.

Ligne directrice : adopter des mesures visant à améliorer les résultats

Lorsqu'il s'agit de mesure, le contexte a son importance. Qu'espérons-nous améliorer ? La qualité ? Le délai de commercialisation ? Le moral du personnel ? La satisfaction de la clientèle ? Une combinaison de tout cela ? Chaque personne, équipe et organisation a ses propres priorités en matière d'amélioration, et ses propres façons de travailler. Par conséquent, elles auront leur propre ensemble de mesures qu'elles réunissent pour fournir des renseignements sur leur efficacité et, plus important encore, sur leur manière de procéder. Ces mesures évoluent au fil du temps, car leur situation et leurs priorités changent. Par conséquent, notre stratégie de mesure doit être flexible et adaptée ; elle variera en fonction de chaque équipe. L'objectif du processus Établir la gouvernance de l'équipe de développement propose plusieurs techniques, notamment l'approche par les buts (« Goal-Question-Metric » ou GQM) [GQM] mais aussi les objectifs et résultats clés (« Objectives and Key Results » ou OKRs) [Doer], qui promeuvent des métriques orientées par le contexte.

L'équipe doit utiliser ces métriques pour fournir des informations sur leur fonctionnement et apporter de la visibilité à la Direction afin qu'elle la dirige efficacement. Lorsqu'elles sont effectuées correctement, les métriques mènent à de meilleures décisions qui, à leur tour, déboucheront sur de meilleurs résultats. Lorsqu'elles sont mal effectuées, notre stratégie de mesure augmente la charge administrative de l'équipe, freine sa productivité et fournit des informations erronées à toute personne qui tente de diriger l'équipe. Voici plusieurs heuristiques à prendre en considération lors du choix de l'approche pour mesurer notre équipe :

- Commencer par les résultats.
- Mesurer ce qui est directement lié à la création de valeur.
- Il n'y a pas qu'une seule façon de mesurer ; les équipes ont besoin de métriques adaptées à la finalité.
- Chaque métrique a ses avantages et ses inconvénients.
- Utiliser des métriques pour motiver, pas pour comparer.
- On obtient ce qu'on mesure.
- Les équipes utilisent les métriques pour s'auto-organiser.
- Mesurer les résultats au niveau de l'équipe.
- Chaque équipe a besoin de son propre ensemble de métriques.
- Mesurer pour s'améliorer ; nous devons mesurer nos efforts pour pouvoir voir notre récompense.
- Avoir des catégories communes de métriques entre les équipes, et non des métriques communes.
- Faire confiance, mais vérifier.
- Ne pas fonder la gestion sur les métriques.
- Automatiser dès que possible pour qu'on ne puisse jouer avec les métriques.
- Privilégier les tendances aux scalaires.
- Privilégier les métriques avancées.
- Préférer le flux tiré au flux poussé.

Ligne directrice : tirer parti des actifs organisationnels et les améliorer

Notre organisation possède de nombreux actifs, comme les systèmes d'information, les sources d'information, les outils, les modèles, les procédures et les apprentissages, entre autres, que notre équipe peut adopter afin d'améliorer notre efficacité. Nous pouvons non seulement choisir d'adopter ces actifs, mais aussi penser que nous pouvons les améliorer afin qu'ils soient mieux adaptés pour nous et les autres équipes qui choisissent aussi de travailler avec ces actifs. Cette ligne directrice est importante à plusieurs égards.

1. **Beaucoup de bon travail a été accompli par le passé.** Il existe un large éventail d'actifs au sein de notre organisation dont notre équipe peut disposer. Parfois, nous remarquerons qu'il nous faudra d'abord faire évoluer l'actif existant pour répondre à nos besoins, une solution plus rapide et moins coûteuse que de le concevoir à partir de zéro.

2. **Beaucoup de bon travail continue d'être accompli autour de nous.** Notre organisation est un réseau d'équipes semi-autonomes et semi-organisées. Nous pouvons collaborer proactivement avec ces équipes, apprendre d'elles et ainsi accélérer la création de valeur. L'équipe chargée de l'architecture d'entreprise peut nous aider à aller dans la bonne direction, tout comme nous pouvons l'aider à savoir si leurs techniques sont efficaces une fois appliquées dans la pratique. Stephen Denning insiste sur la nécessité pour les opérations métiers de notre organisation, comme la gestion des fournisseurs, les finances et la gestion des ressources humaines, de soutenir les équipes qui exécutent les flux de valeur de notre organisation [Denning]. Nous devons travailler et apprendre ensemble en tenant compte des enjeux de l'entreprise si nous voulons ravir notre clientèle.

3. **Nous pouvons réduire la dette technique globale.** Malheureusement, de nombreuses organisations croulent sous une dette technique considérable, comme nous l'avons mentionné précédemment. En choisissant de réutiliser les actifs existants, et en investissant dans le remboursement d'une partie de la dette technique que nous avons contractée, il nous sera possible de sortir petit à petit de ce piège dans lequel nous nous sommes mis.

4. **Nous pouvons créer plus de valeur, plus rapidement.** Grâce à la réutilisation, nous nous concentrons sur l'implémentation de nouvelles fonctionnalités qui enchanteront notre clientèle au lieu de simplement réinventer ce que nous lui offrons déjà. En remboursant la dette technique, nous augmentons la qualité sous-jacente de l'infrastructure sur laquelle nous nous appuyons, ce qui nous permet de développer et livrer de nouvelles fonctionnalités plus rapidement.

5. **Nous pouvons nous soutenir mutuellement.** Notre équipe collabore avec d'autres équipes et apprend d'elles, et vice versa. Au niveau de l'organisation, nous pouvons améliorer cela grâce à la création de centres d'excellence (CoE) et de communautés de pratique (CoP) afin de consigner et de partager les apprentissages au sein de l'organisation [CoE, CoP].

Quelques autres grandes philosophies

Voici quelques philosophies pertinentes pour les agilistes.

1. **Si c'est difficile, faites-le plus souvent.** Le test d'intégration système vous semble difficile ? Au lieu de le repousser à la fin du cycle de vie, comme le feraient les traditionalistes, trouvez un moyen de le faire à chaque itération. Ensuite, trouvez un moyen de le faire chaque jour. Exécuter des choses difficiles plus souvent nous force à trouver des moyens, souvent grâce à l'automatisation, de les rendre plus faciles.

2. **Si ça fait peur, faites-le plus souvent.** Vous avez peur de faire évoluer un code en particulier ? Vous avez peur d'obtenir un retour d'information des parties prenantes, car il est possible qu'elles changent d'avis ? Alors, il faut le faire plus souvent et trouver des moyens de surmonter vos peurs. Trouvez un moyen d'éviter les résultats négatifs ou de les rendre positifs. Corriger ce code. Rendez l'évolution de notre solution plus facile. Aidez les parties prenantes à comprendre les conséquences de leurs décisions.
3. **Continuez à vous poser des questions.** Pour vraiment comprendre, nous devons nous demander pourquoi c'est arrivé, pourquoi ça fonctionne de cette façon ou pourquoi c'est important pour les autres. Ensuite, demandez-vous pourquoi plusieurs fois. Toyota a baptisé cette pratique l'analyse des cinq pourquoi [Liker]. Il n'est pas obligé de s'arrêter à cinq. Posez-vous la question pourquoi jusqu'à trouver la cause profonde.
4. **Apprendre quelque chose tous les jours.** Les agilistes s'efforcent d'apprendre chaque jour. Il peut s'agir d'un aspect lié au domaine dans lequel ils travaillent, aux technologies ou à leurs outils. Il peut s'agir d'une nouvelle pratique ou d'une nouvelle façon d'exécuter une pratique. Il existe de nombreuses occasions d'apprendre. Saisissez-les.

Récapitulatif

Comment résumer l'état d'esprit DA ? Simon Powers s'appuie sur les trois croyances de base [Powers] suivantes.

1. **Croyance à propos de la complexité.** Un grand nombre des problèmes rencontrés sont des problèmes adaptatifs complexes. En essayant de les résoudre, nous modifions leur nature.
2. **Croyance à propos des personnes.** Les personnes sont à la fois indépendantes et dépendantes de leurs équipes et organisations. Les êtres humains sont interdépendants. Un environnement adéquat (sécurité, respect, diversité et intégration) et un objectif stimulant peuvent favoriser la confiance et l'auto-organisation. Pour cela, les personnes doivent être traitées avec égard.
3. **Croyance à propos de la proactivité.** La proactivité se retrouve dans la quête insatiable d'amélioration.

Ces croyances sont incontestables selon nous. À bien des égards, ils résument nos motivations profondes à choisir notre WoW. Notre contexte étant unique, nous devons adapter notre WoW. Ce faisant, nous changeons la situation rencontrée qui nous oblige aussi à apprendre et à faire évoluer notre WoW. La croyance à propos des personnes nous motive à trouver une WoW nous permettant de travailler ensemble de manière efficace et sûre, tandis que la croyance à propos de la proactivité reflète l'idée que nous devrions apprendre et nous améliorer constamment.

L'état d'esprit n'est que le début.

L'état d'esprit DA constitue une base solide sur laquelle notre organisation peut s'appuyer pour devenir Agile. Mais ce n'est qu'une base. Nous craignons que trop de coaches inexpérimentés nivellent l'agilité vers le bas, espérant se concentrer sur les concepts abordés dans ce chapitre. C'est un bon début, mais cela ne permet pas d'accomplir le travail dans la pratique. Il ne suffit pas d'« être Agile », mais il faut aussi savoir comment « agir Agile ». Travailler de manière collaborative et respectueuse est tout à fait louable, mais si vous ne savez pas comment accomplir votre travail, vous n'irez pas très loin. Le développement logiciel et, plus important encore, le développement de solutions sont complexes. Nous devons savoir ce que nous faisons.

Chapitre 3

Présentation succincte du Développement Agile Maîtrisé

La discipline, c'est faire ce que vous savez être nécessaire, même si l'envie vous en manque. –Auteur inconnu

Points importants de ce chapitre

- Le DAD est la partie destinée au développement et à la livraison de solutions de la boîte à outils DA et non un autre cadre méthodologique.
- Si vous utilisez Scrum, XP ou Kanban, vous utilisez déjà des variantes d'un sous-ensemble du DAD.
- Le DAD propose de choisir parmi six cycles de vie. Il ne préconise pas une seule façon de travailler : pouvoir choisir, c'est bien.
- Le DAD aborde les principales questions d'entreprise.
- Le DAD s'occupe des démarches pénibles afin que vous n'ayez pas à le faire.
- Le DAD montre le fonctionnement du développement Agile du début à la fin.
- Le DAD constitue une base flexible à partir de laquelle des techniques traditionnelles peuvent être ajustées à l'échelle de façon tactique.
- Le DAD est facile à mettre en œuvre.
- Vous pouvez commencer par votre WoW existant, puis appliquer le DAD pour l'améliorer progressivement. Vous n'avez pas besoin d'apporter des changements radicaux et risqués.

Bon nombre d'organisations se lancent dans l'aventure Agile en adoptant l'approche Scrum, car elle décrit une bonne stratégie pour diriger des équipes Agile chargées du développement de logiciels. Néanmoins, Scrum représente une toute petite partie de ce qui est nécessaire pour livrer des solutions sophistiquées à vos parties prenantes. Les équipes doivent constamment examiner d'autres techniques pour combler les lacunes de processus que Scrum ignore délibérément, et l'approche Scrum est très claire à ce propos. En nous penchant sur d'autres techniques, nous constatons qu'elles se recoupent à bien des égards, mais que leur terminologie diverge, ce qui peut être source de confusion pour les professionnels comme pour les parties prenantes extérieures. Pire encore, les personnes ne savent pas toujours où trouver des conseils ni identifier les problèmes à traiter.

Afin de surmonter ces difficultés, le Développement Agile Maîtrisé (« Disciplined Agile Delivery » ou DAD) propose une approche plus cohésive du développement de solutions Agile. Cette approche Agile est une approche hybride, privilégiant les personnes, orientée vers les apprentissages, pour le développement de logiciels. Les principaux aspects du DAD sont les suivants.

1. **Priorité aux personnes.** Les personnes, et plus particulièrement leur mode de collaboration, constituent les principaux facteurs de réussite d'une équipe de développement de solutions. Le DAD comprend un ensemble de rôles, de droits et de responsabilités que vous pouvez adapter afin de répondre aux besoins de votre situation.
2. **Hybride.** Le DAD est une boîte à outils hybride qui met en contexte de grands concepts des approches Scrum, SAFe, Spotify, Agile Modeling (AM), eXtreme Programming (XP), Unified Process (UP), Kanban, Lean Software Development et d'autres techniques.
3. **Cycle de vie du développement complet.** Le DAD couvre le cycle de vie du développement complet, depuis la constitution de l'équipe jusqu'à la livraison d'une solution à vos utilisateurs finaux.
4. **Gestion de plusieurs cycles de vie.** Le DAD prend en charge les approches Agile, Lean, de développement en continu, exploratoire et les équipes d'envergure du cycle de vie. Le DAD ne préconise pas un seul cycle de vie, car il reconnaît qu'une approche unique ne convient pas à toutes les situations. Le chapitre 6 aborde plus précisément les cycles de vie : il fournit des conseils afin d'identifier le plus approprié pour démarrer, puis passer de l'un à l'autre au fil du temps.
5. **Complet.** Le DAD montre comment le développement, la modélisation, l'architecture, le management, les exigences/résultats, la documentation, la gouvernance et les autres techniques et pratiques s'inscrivent dans un ensemble rationalisé. Le DAD s'occupe des processus que les autres techniques vous laissent gérer.
6. **Contextuel.** Le DAD préconise une approche que l'on appelle pilotée par les objectifs ou pilotée par les résultats. Ainsi, le DAD propose, en fonction du contexte, des options et des alternatives possibles, ce qui vous permet d'adapter et de gérer efficacement la situation à laquelle vous faites face. En décrivant ce qui fonctionne, ce qui ne fonctionne pas et, surtout, les raisons à cela, le DAD vous permet d'augmenter vos chances d'adopter des pratiques efficaces de manière simple. Gardez à l'esprit le principe DA suivant : Le contexte, c'est important.
7. **Des solutions consommables plutôt que des logiciels opérationnels.** Un logiciel potentiellement livrable est un bon début, mais ce dont nous avons vraiment besoin ce sont des solutions consommables qui raviront notre clientèle.
8. **L'auto-organisation avec une gouvernance appropriée.** Les équipes Agile et Lean sont auto-organisées : autrement dit les personnes qui développent sont celles qui planifient et estiment leurs tâches. Toutefois, cela ne signifie pas qu'elles sont libres de faire ce qu'elles veulent. Elles doivent travailler en tenant compte des enjeux de l'entreprise, qui reflètent les priorités de leur organisation. Pour cela, elles doivent être encadrées de manière appropriée par la Direction. L'objectif du processus Établir la gouvernance de l'équipe de développement décrit des options pour le faire.

Ce chapitre explique brièvement l'approche du DAD, qui sera détaillée dans les chapitres suivants.

Qu'est-ce qui change avec le DAD ?

Pour les professionnels actuels du DAD, plusieurs changements ont été apportés dans ce livre par rapport à l'ouvrage intitulé *Disciplined Agile Delivery: A Practitioner's Guide to Agile Software Delivery in the Enterprise* [AmblerLines2012]. Ces changements s'appuient sur nos actions menées auprès de dizaines d'organisation et, plus important encore, sur les contributions de nombreux professionnels. Les changements portent sur les points suivants.

1. **Les objectifs de processus ont été remaniés.** Ces dernières années, nous avons renommé certains objectifs, nous en avons ajouté un nouveau et nous en avons associé deux paires. Nous pensons que cela les rendra plus compréhensibles.
2. **Tous les objectifs ont été actualisés.** Au cours des dernières années, nous avons beaucoup appris, nous avons vu apparaître de nombreuses techniques et nous en avons appliqué d'anciennes dans de nouvelles situations. Nous publions en ligne les actualisations des objectifs sur la page PMI.org/disciplined-agile, ainsi que dans nos didacticiels. En revanche, c'est la première fois que nous publions toutes ces mises à jour sous forme imprimée.
3. **Tous les objectifs sont représentés visuellement.** Ce livre est le premier à représenter tous les diagrammes d'atteinte des objectifs du DAD, que nous avons introduits après la publication en 2012 de l'ouvrage d'origine.
4. **Cycles de vie nouveaux et actualisés.** Nous avons présenté explicitement le cycle de vie Programme (nous l'avions précédemment décrit comme une structure d'équipe) et le cycle de vie Exploratoire. Nous avons également introduit les approches Agile et Lean de ce que nous appelions le cycle de vie de développement en continu.
5. **Conseils pour l'application pratique de la boîte à outils.** La grande différence avec ce livre réside dans le fait qu'il contient beaucoup plus de conseils sur l'application de DA dans la pratique. Ces conseils reflètent les années supplémentaires de collaboration avec des organisations du monde entier dans le but d'adopter des pratiques et techniques d'Agilité Maîtrisée.

Priorité aux personnes : rôles, droits et responsabilités

La figure 3.1 présente les rôles potentiels que les personnes assumeront dans des équipes DAD. Ces rôles sont décrits en détail au chapitre 4. Ils sont répartis en deux catégories, à savoir les rôles principaux que nous jugeons essentiels à la réussite d'une équipe Agile et les rôles de soutien qui apparaissent lorsqu'ils sont nécessaires.

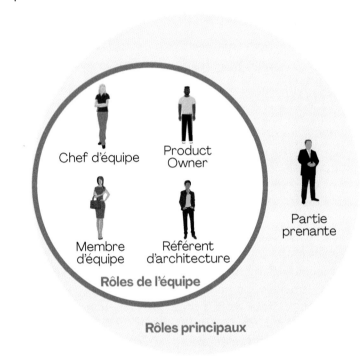

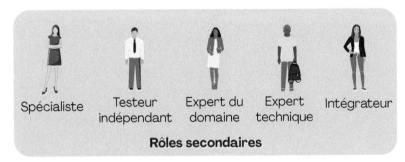

Figure 3.1. Rôles possibles des équipes DAD.

Les rôles principaux sont les suivants.

- **Le chef d'équipe** dirige l'équipe et l'aide à réussir. Il peut s'agir d'un Scrum Master, d'un chef de projet ou d'un responsable fonctionnel.
- **Le référent fonctionnel (Product Owner)** collabore avec les parties prenantes afin d'identifier le travail à faire, d'affecter des priorités aux travaux, d'aider l'équipe à comprendre les besoins des parties prenantes et à interagir efficacement avec elles [ScrumGuide].
- **Le référent d'architecture (Architecture owner)** guide l'équipe à décider en matière d'architecture et de conception, en travaillant en étroite collaboration avec le chef d'équipe (Team Lead) et le référent fonctionnel (Product Owner) [AgileModeling].
- **Les équipiers (Team Member)** travaillent ensemble afin de développer la solution. Généralement, les équipiers sont des spécialistes généralistes, confirmés ou en devenir, qui sont souvent vus comme pluridisciplinaires. Un spécialiste généraliste maîtrise une ou plusieurs spécialités (comme les tests, l'analyse ou la programmation) et une connaissance générale du développement de solutions ainsi que de son domaine de travail [GenSpec].
- **La partie prenante** est une personne qui sera affectée par le travail de l'équipe. Il s'agit notamment des utilisateurs finaux, des ingénieurs support, du personnel chargé des opérations, ou des finances, des auditeurs, des architectes d'entreprise ou de la Direction. Certaines techniques Agile désignent ce rôle sous le terme de « client ».

Les rôles de support sont les suivants.

- **Spécialiste.** Bien que l'équipe soit constituée en grande partie de spécialistes généralistes, elle fait appel à des spécialistes en cas de nécessité. Certains, comme les experts en expérience utilisateur (UX) et en sécurité, peuvent rejoindre l'équipe pour un développement d'une interface utilisateur d'importance ou pour résoudre des problèmes de sécurité. Des analystes métiers épaulent parfois les référents fonctionnels (Product Owners) afin de gérer un domaine complexe ou des parties prenantes dispersées géographiquement. De plus, les rôles d'autres parties de la boîte à outils DA, comme les architectes d'entreprise, les gestionnaires de portefeuille, et les ingénieurs d'exploitation, sont considérés comme des spécialistes du point de vue du DAD.
- **Testeur externe à l'équipe.** Bien qu'il incombe à l'équipe de réaliser la plupart des tests, si ce n'est la totalité, une équipe de test indépendante de l'équipe peut s'avérer nécessaire. Des testeurs externes sont parfois requis lorsque la conformité aux règlementations requiert que des tests soient réalisés par des testeurs indépendants, ou encore dans des programmes de grande ampleur (équipe d'équipes) présentant d'importants défis d'intégration.

- **Expert de domaine.** Parfois appelé Expert en la matière (subject matter expert, SME), cette personne possède des connaissances approfondies dans un domaine donné. L'expert de domaine collabore souvent avec l'équipe ou le référent fonctionnel (Product Owner) afin de partager ses connaissances et son expérience.
- **Expert technique.** Il s'agit d'une personne ayant une expertise technique pointue qui accompagne l'équipe durant de courtes périodes afin de l'aider à surmonter une difficulté technique spécifique. Par exemple, un administrateur de base de données opérationnel peut aider l'équipe à créer, configurer et apprendre les notions fondamentales d'une base de données.
- **Intégrateur.** Également appelé intégrateur de système, il épaule fréquemment des testeurs externes chargés de réaliser des tests d'intégration système (system integration testing (SIT) dans le cas de développements complexes.

Toute personne faisant partie d'une équipe Agile a des droits, des responsabilités et des redevabilités. Toute, sans exception. Par exemple, tout le monde a le droit d'être respecté, mais aussi le devoir de respecter les autres. Par ailleurs, chaque rôle d'une équipe Agile doit remplir des responsabilités propres. Les droits et les responsabilités sont également traités en détail au chapitre 4.

Un mélange de grandes idées

Nous aimons dire que le DAD prend en charge les démarches pénibles afin que vous n'ayez pas à le faire. Nous entendons par là que nous avons analysé plusieurs techniques, cadres de travail et autres sources afin d'identifier des pratiques et des stratégies potentielles que votre équipe souhaiterait peut-être expérimenter et adopter. Nous mettons ces techniques en contexte, en explorant des concepts fondamentaux, comme leurs avantages et leurs inconvénients, le moment opportun pour les appliquer et ne pas les appliquer, mais aussi la mesure dans laquelle les appliquer. Les réponses à ces questions sont essentielles lorsqu'une équipe choisit sa WoW.

La figure 3.2 présente quelques méthodes et cadres de travail que nous avons étudiés pour trouver des techniques. Par exemple, XP est la source des pratiques techniques, notamment le développement piloté par les tests, le remaniement et la programmation en binôme. Scrum est la source de techniques, comme les backlogs de produit, la planification de l'itération (appelée sprint en Scrum) et les points de synchronisation quotidiens. L'Agile Modeling nous donne les techniques de modélisation en groupe, de vision architecturale initiale, de documentation continue et de participation active des parties prenantes. Alors que ces cadres de référence décrivent en détail ces techniques, DAD, et généralement DA, vise à les contextualiser afin de vous aider à choisir la bonne technique au bon moment.

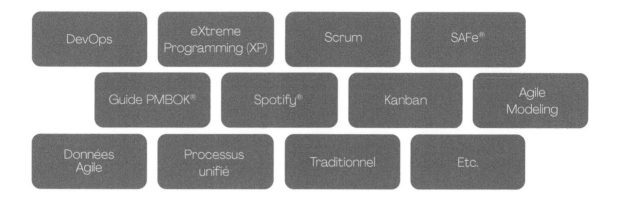

Disciplined Agile® (DA™)

Figure 3.2. Le DAD est une approche hybride et agnostique de grandes idées.

Pouvoir choisir, c'est bien : les objectifs de processus

Le DAD comprend un ensemble de 24 objectifs de processus, ou résultats de processus, comme illustré à la figure 3.3. Chaque objectif est décrit comme un ensemble de points de décision. Votre équipe doit déterminer s'il convient de les considérer et, auquel cas, comment procéder. Les pratiques/stratégies potentielles pour traiter un point de décision, qui peuvent être associées dans de nombreux cas, sont présentées sous forme de listes. Les diagrammes d'atteinte des objectifs sont similaires aux cartes mentales, d'un point de vue conceptuel. Dans certains cas, une flèche indique l'efficacité relative des options. Un exemple est illustré à la figure 3.4. En effet, les diagrammes d'atteinte des objectifs sont des guides permettant à une équipe de choisir les meilleures pratiques ou techniques qu'elle peut exécuter immédiatement, compte tenu de ses compétences, de sa culture et de la situation. Le chapitre 5 se penche sur l'approche pilotée par les objectifs du DAD, tandis que le Navigateur Agilité Maîtrisée [DABrowser] fournit des précisions.

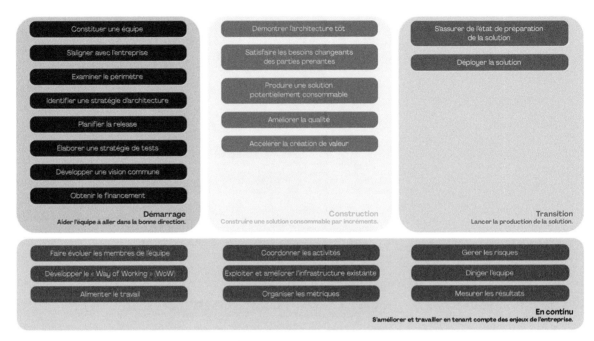

Figure 3.3. Les objectifs de processus du DAD.

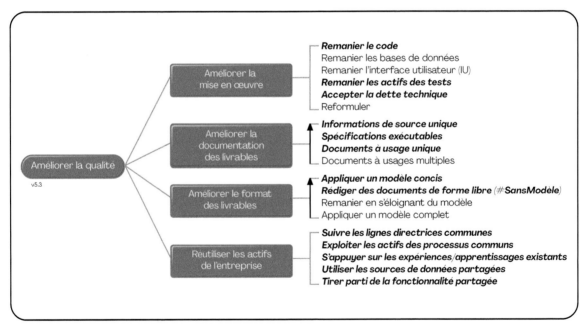

Figure 3.4. Le diagramme d'atteinte des objectifs du processus Améliorer la qualité.

Pouvoir choisir, c'est bien : proposition de plusieurs cycles de vie

Les cycles de vie établissent les activités qu'une équipe doit réaliser afin de développer une solution. Ainsi, ils organisent les techniques que nous appliquons pour exécuter le travail. Les équipes de développement de solutions se trouvent dans différentes situations. Par conséquent, elles doivent être en mesure de choisir un cycle de vie qui correspond le mieux au contexte rencontré. La figure 3.5 présente les six cycles de vie du DAD.

1. **Agile.** Cycle de vie fondé sur Scrum pour des projets de développement de solutions.
2. **Lean.** Cycle de vie fondé sur Kanban pour des projets de développement de solutions.
3. **Développement et livraison en continu : Agile.** Cycle de vie fondé sur Scrum pour des équipes de longue date.
4. **Développement et livraison en continu : Lean.** Cycle de vie fondé sur Kanban pour des équipes de longue date.
5. **Exploratoire.** Cycle de vie fondé sur Lean Startup pour la réalisation d'expérimentations avec une clientèle potentielle afin de connaître leurs besoins. Ce cycle de vie prend en charge une approche Design Thinking, comme décrite dans le chapitre 2.
6. **Programme.** Cycle de vie pour une équipe d'équipes Agile ou Lean.

Le chapitre 6 décrit en détail les six cycles de vie du DAD, ainsi que le cycle de vie traditionnel et donne des conseils pour les choisir.

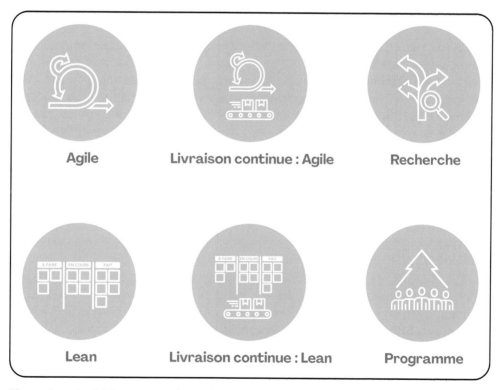

Figure 3.5. Le DAD propose six cycles de vie.

Des solutions consommables plutôt que des logiciels opérationnels

Selon le Manifeste Agile, un « logiciel opérationnel » constitue le principal moyen de mesurer l'avancement. Et si la clientèle ne souhaite pas l'utiliser ? Et si elle n'apprécie pas son utilisation ? Du point de vue du Design Thinking, « opérationnel » ne suffit pas. Nous devons livrer une solution consommable dotée des caractéristiques suivantes.

- **Ça marche.** Ce que nous produisons doit être opérationnel et fournir les résultats que nos parties prenantes attendent.
- **C'est utilisable.** Notre solution doit fonctionner et proposer une expérience utilisateur bien conçue.
- **C'est souhaitable.** Les personnes doivent vouloir travailler avec notre solution, mieux encore, ressentir le besoin de travailler avec et, le cas échéant, nous payer pour cela. Comme le recommande le premier principe de l'Agilité Maîtrisée, notre solution doit ravir notre clientèle, pas seulement la satisfaire.

Par ailleurs, nous ne produisons pas uniquement du logiciel, mais une solution à part entière. Elle peut inclure les améliorations suivantes .

- **Le logiciel.** Bien qu'il soit important, le logiciel ne représente qu'une partie de notre solution globale.
- **Le matériel.** Nos solutions fonctionnent sur du matériel que nous devons parfois faire évoluer ou améliorer.
- **Les processus métiers.** Nous améliorons souvent les processus métiers autour de l'utilisation du système que nous produisons.
- **La structure organisationnelle.** Parfois, la structure organisationnelle des utilisateurs finaux de nos systèmes évolue afin de refléter les changements apportés à la fonctionnalité prise en charge.
- **Les documents justificatifs.** La documentation des livrables, comme les présentations techniques et les modes d'emploi/aides, représente souvent un aspect essentiel de nos solutions.

Terminologie du DAD

Le tableau 3.1 répertorie les termes du DAD courants et leur équivalent utilisé dans d'autres approches. Nous souhaiterions formuler plusieurs observations importantes à propos de cette terminologie.

1. **Il n'existe pas de terminologie Agile standard.** Il n'existe pas de norme ISO pour Agile, et, même s'il y en avait une, elle serait très probablement ignorée par les professionnels Agile.
2. **La terminologie Scrum est pour le moins contestable.** Lorsque Scrum a été développé dans les années 1990, ses créateurs ont volontairement choisi une terminologie inhabituelle. Certains termes sont empruntés du rugby, pour montrer que cette méthode était différente. C'est tout à fait honorable, mais, étant donné que DA est une approche hybride, nous ne pouvons pas la limiter à des termes arbitraires.
3. **Les termes sont importants.** Nous estimons que les termes doivent être clairs. Vous devez expliquer ce qu'est un rituel scrum, et qu'il ne s'agit pas d'une réunion d'avancement, alors que le sens d'un point de synchronisation est plutôt clair. Personne ne sprinte tout au long d'un marathon.

4. **Utilisez les termes de votre choix.** Cela étant dit, le DAD ne préconise aucune terminologie. Par conséquent, si vous souhaitez utiliser des termes ou expressions comme sprint, rituel scrum ou Scrum Master, faites-le.
5. **Certaines correspondances sont vagues.** Il est important de signaler que les termes ne peuvent pas être parfaitement mis en correspondance. Par exemple, nous savons qu'il existe des différences entre coaches, Scrum Masters et chefs de projet, mais ces dernières ne sont pas pertinentes pour cette discussion.

Tableau 3.1. Représentation des variations de certains termes dans la communauté Agile

DAD	Scrum	Spotify	XP	SAFe®	Traditionnel
Référent d'architecture	-	-	Coach	Architecte de solutions	Architecte de solutions
Réunion de coordination	Point quotidien de synchronisation	Amas	-	Point quotidien de synchronisation	Point d'avancement
Expert du domaine	-	Client	Client	Référent fonctionnel (Product Owner)	Expert en la matière
Itération	Sprint	Sprint	Itération	Itération	Bloc de temps
Référent fonctionnel (Product Owner)	Référent fonctionnel (Product Owner)	Référent fonctionnel (Product Owner)	Représentant du client	Référent fonctionnel (Product Owner)	Comité de maîtrise des changements
Partie prenante	-	Client	Client	Client	Partie prenante
Équipe	Équipe	Escouade, tribu	Équipe	Équipe	Équipe
Chef d'équipe	Référent Agile (Scrum Master)	Coach Agile	Coach	Référent Agile (Scrum Master)	Chef de projet

Le contexte, c'est important : le DAD constitue la base pour mettre à l'échelle la démarche Agile

L'Agilité Maîtrisée (« Disciplined Agile » ou DA) distingue deux types de « mise à l'échelle de l'agilité ».

1. **Agilité tactique à l'échelle.** Application des pratiques et techniques Agile et Lean au niveau des équipes DAD individuelles. L'objectif est d'appliquer l'approche Agile en profondeur afin de résoudre toutes les complexités, ce que nous appelons les facteurs de mise à l'échelle, de manière appropriée.
2. **Agilité stratégique à l'échelle.** Application large des pratiques et techniques Agile et Lean au niveau de votre organisation. Sont comprises toutes les divisions et les équipes de votre organisation, et pas seulement vos équipes de développement de logiciels.

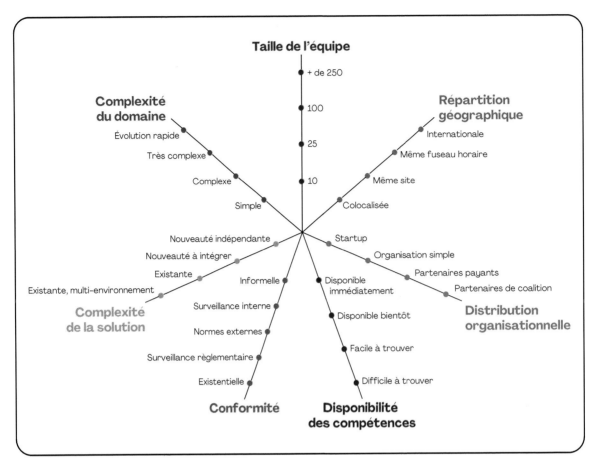

Figure 3.6. Facteurs d'ajustement d'échelle tactique.

Voyons ensemble ce que signifie la mise à l'échelle de façon tactique du développement de solutions Agile. Lorsqu'on entend l'expression « mise à l'échelle », on pense souvent à de grandes équipes qui sont probablement dispersées géographiquement, une situation parfaitement concrète. D'ailleurs, les personnes parviennent à appliquer la démarche Agile dans ce type de situations. Cependant, la mise à l'échelle ne résume pas à cela. Des organisations appliquent également la démarche Agile dans des situations de conformité, qu'il s'agisse d'une conformité règlementaire imposée, comme la loi américaine sur l'assurance maladie (Health Insurance Portability and Accountability Act ou HIPAA), la loi canadienne sur la protection des renseignements personnels et les documents électroniques (Personal Information Protection and Electronic Documents Act ou PIPEDA) ou le Règlement européen sur la protection des données (RGPD), ou bien d'une conformité choisie, comme le modèle CMMI (Capability Maturity Model Integration) [CMMI], l'Organisation internationale de normalisation (ISO) et l'ITIL (Information Technology Infrastructure Library). Il en va de même pour diverses complexités de domaine et techniques, même lorsque plusieurs organisations sont impliquées (comme pour la sous-traitance). La figure 3.6 résume les facteurs potentiels de mise à l'échelle tactique à prendre en considération lors de l'adaptation de votre stratégie Agile. Ces facteurs de mise à l'échelle représentent un sous-ensemble de facteurs décrits dans le SCF (Situation Context Framework) au chapitre 2 [SCF]. Plus vous vous éloignez du centre du schéma, plus vous prenez un risque.

Le DAD constitue une base solide pour la mise à l'échelle tactique de l'agilité à bien des égards :

- Le DAD favorise un cycle de vie gérant les risques sur la valeur dans lequel les équipes s'attaquent de manière précoce aux travaux les plus risqués pour contribuer à atténuer ces risques, augmentant ainsi les chances de succès. Certaines personnes s'y réfèrent avec le concept « échouer précocement ». Nous préférons néanmoins les expressions « apprentissage rapide » ou, mieux encore, « réussite précoce ».
- Le DAD préconise l'auto-organisation soutenue par une gouvernance efficace partant du constat que les équipes Agile travaillent en respectant le périmètre et les contraintes d'un écosystème organisationnel plus vaste. Par conséquent, le DAD recommande d'adopter une stratégie de gouvernance efficace qui oriente les équipes Agile et leur donne des moyens.
- Le DAD favorise le développement de solutions consommables sur la seule construction de logiciels opérationnels.
- Le DAD privilégie la sensibilité aux enjeux de l'entreprise à la conscience collective. (Il s'agit d'un principe fondamental de DA, comme décrit au chapitre 2.) Nous entendons par là que l'équipe doit agir dans l'intérêt de l'organisation, à savoir s'inscrire dans une vision commune, utiliser des sources de données et des systèmes existants, mais aussi suivre des orientations communes, et pas seulement faire ce qui l'arrange ou lui plait.
- Le DAD est une approche contextuelle, orientée par les objectifs et ni normative ni prescriptive. (Selon un autre principe DA, pouvoir choisir, c'est bien.) Une approche processus n'est pas universelle. Les équipes DAD ont l'autonomie de choisir et de faire évoluer leur WoW.

Il est facile de commencer à travailler avec le DAD

Nous aimerions partager plusieurs pratiques qui ont été appliquées afin d'aider des personnes, des équipes et des organisations à se lancer dans le DAD.

1. **Lire ce livre.** Une bonne façon de se lancer consiste à lire ce livre.
2. **Suivre une formation.** Même après avoir lu ce livre, vous pourriez sans doute tirer parti d'une formation qui vous aidera à parfaire vos connaissances. À un certain point, nous espérons que vous choisirez de poursuivre une certification sur l'Agilité Maîtrisée.
3. **Commencer par une technique normative/un cadre de travail normatif, puis sortir de la « prison des méthodes ».** Les équipes pourraient choisir de commencer par une technique existante, comme Scrum ou SAFe, puis d'appliquer les stratégies décrites dans ce livre pour faire évoluer leur WoW à partir de là.
4. **Commencer par le DAD.** Nous pensons qu'il est plus facile de commencer par le DAD et d'éviter de se heurter aux limites des techniques normatives.
5. **Travailler avec un coach Agile expérimenté.** Nous suggérons fortement de faire appel à un Disciplined Agile Coach (DAC)™ ou coach en Agilité Maîtrisée qui vous guidera dans l'application de la boîte à outils DA.

L'adoption de l'Agilité Maîtrisée prendra du temps, peut-être des années, à partir du moment où vous déciderez d'accompagner la mise en œuvre des WoW Agile dans tous les aspects de votre organisation. Les transformations Agile telles que celle-ci, qui conduisent à des efforts d'amélioration continue au niveau de l'organisation, sont abordées aux chapitres 7 et 8 de notre livre *An Executive's Guide to Disciplined Agile* [AmblerLines2017].

Récapitulatif

Le Développement Agile Maîtrisé (« Disciplined Agile Delivery » ou DAD) propose une approche pragmatique pour gérer les situations particulières auxquelles les équipes de développement de solutions font face. Le DAD aborde clairement les difficultés rencontrées par des équipes Agile d'entreprise que bon nombre de techniques Agile préfèrent occulter, notamment le démarrage avec succès des équipes Agile de manière rationalisée, l'intégration dans l'architecture du cycle de vie Agile, le traitement efficace de la documentation, la résolution des problèmes de qualité dans l'environnement de l'entreprise, l'application des techniques d'analyse Agile pour répondre aux innombrables préoccupations des parties prenantes et la gouvernance des équipes Agile et Lean, parmi d'autres aspects plus importants encore.

Dans ce chapitre, vous avez appris que :

- Le DAD est la partie développement et livraison de solution de l'Agilité Maîtrisée (Disciplined Agile ou DA).
- Si vous utilisez Scrum, XP ou Kanban, vous utilisez déjà des variantes d'un sous-ensemble du DAD.
- Vous pouvez commencer par votre WoW existant, puis appliquer le DAD pour l'améliorer progressivement. Il est inutile d'apporter des changements radicaux et risqués.
- Le DAD propose de choisir parmi six cycles de vie. Il ne préconise pas une seule approche, mais vous offre des choix sérieux sur lesquels vous pourrez fonder votre WoW.
- Le DAD aborde les principales questions d'entreprise et illustre comment agir en tenant compte du contexte.
- Le DAD s'occupe des démarches pénibles afin que vous n'ayez pas à le faire.
- Le DAD montre le fonctionnement du développement Agile du début à la fin.
- Le DAD constitue une base flexible à partir de laquelle des techniques traditionnelles peuvent être ajustées à l'échelle de façon tactique.
- Le DAD est facile à mettre en œuvre. Il existe plusieurs moyens d'y parvenir.

Chapitre 4

Rôles, droits et responsabilités

Seuls, nous pouvons faire si peu ; ensemble, nous pouvons faire beaucoup.
—Helen Keller

Points importants de ce chapitre

- Selon le DAD, il existe cinq rôles principaux : le chef d'équipe, le Référent fonctionnel (Product Owner), l'équipier, le référent d'architecture et la partie prenante.
- Le référent d'architecture est le chef technique de l'équipe. Il représente les intérêts de l'organisation en matière d'architecture.
- Le rôle de partie prenante du DAD reconnaît que nous devons enchanter toutes les parties prenantes, et pas seulement notre clientèle.
- Dans de nombreuses situations, les équipes s'appuieront sur des rôles secondaires, comme des spécialistes, des experts du domaine, des experts techniques, des testeurs indépendants ou des intégrateurs, le cas échéant.
- Les rôles du DAD sont destinés à être un point de départ. Vous pouvez avoir de solides raisons pour adapter les rôles à votre organisation.

Ce chapitre aborde les droits et les responsabilités possibles des membres d'une équipe de Développement Agile Maîtrisé (« Disciplined Agile Delivery » ou DAD), mais aussi les rôles qu'ils peuvent choisir d'assumer [DADRoles]. Nous utilisons volontairement le mot « possibles », car vous découvrirez qu'il vous faudra adapter ces idées à l'environnement culturel de votre organisation. Néanmoins, nous savons par expérience que plus vous vous écartez de nos conseils ci-dessous, plus vous prenez des risques. Comme toujours, faites de votre mieux dans votre situation et cherchez à vous améliorer au fil du temps. Commençons par les droits et les responsabilités d'ordre général.

Droits et responsabilités

L'agilité nécessite un changement de culture au sein de votre organisation. Toutes les cultures sont assorties de règles, certaines explicites, d'autres implicites, afin que tout le monde puisse comprendre son comportement attendu. Une façon de définir un comportement attendu est de négocier les droits et les responsabilités des personnes. D'ailleurs, la technique eXtreme Programming (XP) a suscité de nombreuses réflexions intéressantes à ce sujet, des idées que nous avons fait évoluer pour l'Agilité Maîtrisée (« Disciplined Agile » ou DA) [RightsResponsibilities]. Les listes des droits et responsabilités possibles ci-dessous serviront de point de départ éventuel à votre équipe.

En tant que membres d'une équipe Agile, nous jouissons des droits suivants :

- être traités avec respect ;
- travailler dans un « environnement où on se sent en sécurité ».
- produire et recevoir un travail de qualité conforme à des normes établies ;
- choisir et faire évoluer notre façon de faire (« Way of Working » ou WoW) ;
- s'auto-organiser et planifier notre travail, en choisissant les tâches que nous devons exécuter ;
- s'approprier le processus d'estimation (les personnes qui font le travail sont aussi chargées de l'estimer) ;
- définir la collaboration entre les membres de l'équipe (les personnes qui font le travail sont aussi chargées de le planifier) ;
- recevoir des informations et prendre des décisions en toute bonne foi et au moment opportun.

En déformant les propos de Benjamin Parker, l'oncle de Peter Parker, « de grands droits impliquent de grandes responsabilités ». Les membres d'une équipe Agile ont les responsabilités suivantes :

- optimiser notre WoW ;
- être prêts à collaborer étroitement au sein de l'équipe ;
- partager toutes les informations, y compris le « travail en cours » ;
- accompagner les autres dans nos compétences et notre expérience ;
- approfondir nos connaissances et nos compétences en dehors de notre spécialité ;
- valider notre travail le plus tôt possible, en travaillant avec les collègues ;
- assister aux réunions de coordination en personne ou par tout autre moyen si l'équipe est dispersée ;
- chercher activement des façons d'améliorer la performance de l'équipe ;
- pour les équipes qui suivent un cycle de vie Agile (voir le chapitre 6), éviter d'accepter du travail en dehors de l'itération actuelle sans le consentement de l'équipe ;
- rendre l'ensemble du travail visible à tout moment, généralement à l'aide d'un tableau des tâches, afin que le travail d'équipe et la capacité soient transparents.

Figure 4.1. Rôles possibles du DAD.

Rôles possibles

Le DAD comprend un ensemble de cinq rôles principaux « clé en main », dont trois sont similaires à ceux de Scrum. Comme l'illustre la figure 4.1, il s'agit du chef d'équipe (comme un Scrum Master senior ou un chef de projet), du référent fonctionnel (Product Owner) et du membre d'équipe. À ces rôles s'ajoutent la partie prenante (une extension du client) et un rôle que nous pensons être extrêmement utile dans le contexte d'une entreprise, à savoir le référent d'architecture. Dans l'idéal, nous avons une « équipe complète » possédant toutes les compétences requises pour exécuter le travail. Néanmoins, dans des situations compliquées, il n'est pas rare d'avoir besoin des compétences en dehors de l'équipe. À ce titre, le DAD comprend un ensemble de rôles secondaires pouvant rejoindre l'équipe si nécessaire.

Nous allons commencer par passer en revue les rôles principaux.

Partie prenante

Une partie prenante est une personne qui est affectée de manière importante par le résultat de la solution. À cet égard, la partie prenante est bien plus qu'un utilisateur final ou un client. Une partie prenante peut être :

- un utilisateur direct ;
- un utilisateur indirect ;
- un gestionnaire des utilisateurs ;
- un cadre supérieur ;
- un membre du personnel d'exploitation ;
- le commanditaire qui finance l'équipe ;
- un membre du service d'assistance technique ;
- un auditeur ;
- un chef de programme ou de portefeuille ;
- un développeur travaillant sur d'autres solutions qui s'intègrent ou interagissent avec les nôtres ;
- un professionnel de la maintenance potentiellement concerné par le développement ou le déploiement d'une solution logicielle ;
- et bien d'autres rôles encore.

Référent fonctionnel (Product Owner)

Le référent fonctionnel (Product Owner ou PO) est la personne de l'équipe qui représente la « voix de la partie prenante » [ScrumGuide]. Comme illustré à la figure 4.2, il exprime les besoins et les souhaits de la communauté des parties prenantes au niveau de l'équipe de développement Agile. À cet égard, il donne des précisions sur les souhaits ou les exigences des parties prenantes concernant la solution. Il est également chargé d'affecter des priorités aux tâches réalisées par l'équipe pour développer la solution. Si le référent fonctionnel (Product Owner) n'est pas en mesure de répondre à toutes les questions, il lui incombe de trouver une réponse rapidement afin que l'équipe reste concentrée sur ses tâches.

Chaque équipe DAD, ou sous-équipe en cas de grands programmes organisés en équipe d'équipes, compte un seul Référent fonctionnel (Product Owner). L'un des objectifs secondaires du Référent fonctionnel (Product Owner) est de présenter le travail de l'équipe Agile à la communauté des parties prenantes. Il s'agit notamment d'organiser des monstrations de la solution à mesure qu'elle évolue et de communiquer l'état de l'équipe aux principales parties prenantes.

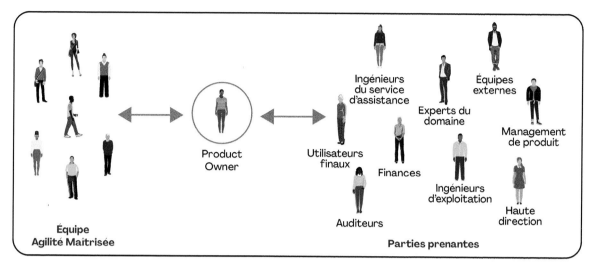

Figure 4.2. Le Référent fonctionnel (Product Owner) en tant que lien entre l'équipe et les parties prenantes.

En tant qu'intermédiaire, le Référent fonctionnel (Product Owner) :

- est la personne à qui s'adresser pour obtenir des informations relatives au domaine ;
- fournit des informations et prend des décisions en temps opportun ;
- affecte des priorités à toutes les tâches de l'équipe, ce qui comprend notamment les exigences (peut-être saisies comme récits utilisateurs), les défauts à corriger et la dette technique à rembourser, en tenant compte des besoins des parties prenantes et de l'équipe ;
- redéfinit les priorités et ajuste le périmètre en fonction de l'évolution des besoins des parties prenantes ;
- est un participant actif à la modélisation et aux tests d'acceptation ;
- aide l'équipe à se rapprocher de parties prenantes expertes ;
- accepte le travail de l'équipe comme accompli ou non accompli ;
- anime les séances de modélisation des exigences, notamment la vision globale des exigences et la modélisation de projection ;
- éduque l'équipe au domaine d'activité ;
- est le point de passage du financement.

Lorsqu'il représente l'équipe Agile auprès des parties prenantes, le Référent fonctionnel (Product Owner) :

- incarne le visage public de l'équipe pour les parties prenantes ;
- présente la solution aux principales parties prenantes, ce qui peut inclure le mentorat des membres de l'équipe afin d'effectuer la monstration ;
- annonce les releases ;
- suit et communique l'état d'avancement de l'équipe aux parties prenantes intéressées, notamment en leur comment accéder et comprendre le tableau de bord automatisé de l'équipe ;
- organise des revues de jalons, qui doivent rester aussi simples que possible (traitées dans l'objectif du processus Établir la gouvernance de l'équipe de développement) ;
- présente aux parties prenantes la façon de faire (« Way of Working » ou WoW) de l'équipe de livraison ;
- négocie les priorités, le périmètre, le financement et les échéanciers.

Il est important de noter que le rôle de Référent fonctionnel (Product Owner) est généralement un emploi à temps plein, et peut même nécessiter une aide à grande échelle dans des domaines complexes. Souvent, des organisations qui débutent dans l'agilité tentent de pourvoir ce rôle en le confiant à quelqu'un en temps partiel. Autrement dit, le rôle de Référent fonctionnel (Product Owner) est confié à une personne déjà bien occupée.

Équipier

Les équipiers se consacrent à la production de la solution pour les parties prenantes. Ils sont chargés des tests, de l'analyse, de l'architecture, de la conception, de la mise en place de programmes, de la planification, de l'estimation et de bien d'autres activités, le cas échéant. Il convient de noter que les équipiers ne posséderont que quelques-unes de ces compétences, au début de l'initiative, mais s'efforceront d'en acquérir d'autres au fil du temps. Idéalement, les équipiers sont des spécialistes généralistes, c'est-à-dire des personnes possédant une ou plusieurs spécialités (comme l'analyse, la mise en place de programmes et les tests), des connaissances générales du processus de développement et livraison, au moins une connaissance générale du domaine dans lequel elles travaillent ainsi que la volonté d'acquérir de nouvelles compétences et connaissances auprès de collègues [GenSpec]. La figure 4.3 compare quatre catégories de niveaux de compétences, à savoir les spécialistes d'un seul domaine, les généralistes ayant de vastes connaissances qui sont souvent doués pour l'organisation et la coordination des autres, mais ne possèdent pas les compétences spécifiques pour exécuter le travail, les experts ayant des compétences et connaissances approfondies dans de nombreuses spécialités, ainsi que les spécialistes généralistes qui jouent les intermédiaires entre les généralistes et les spécialistes.

Dans la pratique, il peut paraître difficile à première vue d'exiger de travailler avec des spécialistes généralistes, en particulier pour les novices à l'agilité. En effet, cette pratique est très éloignée de l'approche traditionnelle consistant à placer un généraliste à la tête d'équipes de spécialistes. L'approche traditionnelle est problématique, car elle engendre des frais généraux. Les spécialistes accomplissent leur travail et produisent un élément pour le groupe suivant de spécialistes situés

Figure 4.3. Les niveaux de compétence des équipiers.

en aval. Pour faire avancer le travail, ils doivent rédiger et conserver la documentation, contenant souvent de nouvelles versions des informations ayant déjà été documentées en amont dans le processus. Pour résumer, les spécialistes introduisent beaucoup de gaspillages dans le processus avec des artefacts intermédiaires, des revues de ces artefacts et des temps d'attente pour exécuter ces revues. Au contraire, les spécialistes généralistes possèdent un plus large éventail de compétences qui leur permettent de collaborer plus efficacement avec les collègues, de réaliser plus de tâches et d'éviter ainsi la création d'artefacts intermédiaires. Ils travaillent mieux, pas plus.

Le problème est que, si vous êtes novice en agilité, vous aurez très probablement du personnel composé de généralistes ou de spécialistes, mais très peu de spécialistes généralistes. Par conséquent, si vous disposez actuellement de spécialistes ou de généralistes, vous constituerez vos équipes à partir de ces personnes. Votre objectif étant d'augmenter la productivité de votre équipe, vous aidez ses membres à devenir des spécialistes généralistes à l'aide de techniques de travail collectif, comme la programmation en binôme, la programmation en groupe et la modélisation avec les collègues (techniques abordées dans l'objectif du processus Faire croître les équipiers). Ainsi, au fil des mois, les spécialistes élargiront leur éventail de compétences et deviendront des spécialistes généralistes plus efficaces.

En plus des droits et des responsabilités d'ordre général décrits précédemment, les membres d'équipe ont d'autres responsabilités. Ils exécuteront les actions suivantes.

- **S'auto-organiser.** Les membres d'équipe identifieront, estimeront, s'engageront sur des tâches et les exécuteront, puis suivront leur état d'avancement.
- **S'adresser au Référent fonctionnel (Product Owner) pour obtenir des informations relatives au domaine et prendre des décisions en la matière.** Bien que les équipiers fournissent un apport au Référent fonctionnel (Product Owner), ce dernier est chargé de préciser les exigences et de donner des priorités aux tâches, pas les membres d'équipe. Les équipiers doivent faire preuve d'une grande discipline pour respecter cela, et ne pas simplement ajouter de nouvelles fonctionnalités (ou « dérive du périmètre ») ou donner des détails insuffisants.
- **Collaborer avec le référent d'architecture pour faire évoluer cette dernière.** Le référent d'architecture est chargé de guider l'équipe à travers le travail de conception et de mise en place. Les équipiers travailleront en étroite collaboration avec le référent d'architecture afin d'identifier et de faire évoluer la stratégie architecturale. Lorsque l'équipe ne parvient pas à s'accorder sur la direction à prendre, le référent d'architecture peut intervenir afin de trancher et de choisir ce qui semble être la meilleure option, décision que les équipiers seront censés soutenir. Nous y reviendrons.
- **Respecter les conventions d'entreprise, exploiter et améliorer l'infrastructure existante.** Selon l'un des principes de DA (voir le chapitre 2), il convient d'être conscient des enjeux de l'entreprise. Les équipiers DAD doivent donc faire preuve de discipline pour respecter et adapter, le cas échéant, les normes de codage d'entreprise, les conventions de conception d'interface utilisateur et les lignes directrices relatives aux bases de données, entre autres. Ils doivent également tenter de réutiliser et d'améliorer les actifs réutilisables existants, comme les services web, les cadres de travail et même les sources de données historiques existantes. Le DAD comprend l'objectif du processus Exploiter et améliorer l'infrastructure existante afin d'aborder cette stratégie de manière spécifique.
- **Animer des ateliers.** Bien que d'autres techniques Agile attribueront cette responsabilité au chef d'équipe, n'importe quel membre de l'équipe peut organiser ou animer des réunions. Le chef d'équipe est uniquement chargé de s'assurer qu'ils ont lieu.

Pourquoi ne pas appeler un chef d'équipe un Scrum Master ?

Étant donné que l'Agilité Maîtrisée comprend plusieurs approches du cycle de vie, les équipes de votre organisation n'utiliseront probablement pas toutes Scrum. Une équipe Agile pourrait être dirigée par un Référent Agile (Scrum Master) senior, une équipe projet par un chef de projet, une équipe logiciels Lean par un directeur technique, une équipe commerciale par un directeur des ventes, et ainsi de suite. Chaque type d'équipe aura son type de chef.

Chef d'équipe

L'équipe auto-organisée a pour particularité importante que le chef d'équipe aide ou guide l'équipe dans l'exécution d'activités de gestion technique au lieu d'assumer ces responsabilités lui-même. Un leader-serviteur, ou mieux encore un leader hôte [Host], crée et maintient des conditions propices à la réussite de l'équipe. Ce rôle peut être difficile à assumer. Le comportement est la clé pour y parvenir. Chef d'équipe est un rôle et non une fonction. Selon le type d'équipe, un chef d'équipe peut avoir la fonction de référent Agile (Scrum Master) senior pour une équipe produit Agile, de référent Agile (Scrum Master) pour une simple équipe Scrum, de chef de projet pour une équipe projet Agile, de directeur marketing pour une équipe marketing, d'architecte d'entreprise en chef pour une équipe chargée de l'architecture d'entreprise, et ainsi de suite. Chaque type d'équipe aura son propre chef d'équipe et, très probablement, ses propres fonctions.

Dans le cas d'équipes hautement performantes, les équipiers assumeront chacun à leur tour le rôle de chef d'équipe, s'ils sont à l'aise pour le faire. Ainsi, le leadership est partagé et la charge, ainsi que la monotonie, de l'animation des cérémonies est répartie sur plusieurs personnes.

Le chef d'équipe est également un coach Agile, ou peut-être un « coach Agile junior » pour être plus précis, étant donné qu'un Disciplined Agile Coach (DAC)™ ou coach en Agilité Maîtrisée travaille généralement avec plusieurs équipes souvent disparates, alors qu'un chef d'équipe se concentre sur le coaching de son équipe. En tant que coach, le chef aide son équipe à garder le cap sur la livraison des éléments, la réalisation des objectifs de l'itération et le respect des engagements pris vis-à-vis du Référent fonctionnel (Product Owner). Il agit en tant que véritable leader. Il facilite la communication, donne les moyens à l'équipe de choisir sa façon de faire (« Way of Working » ou WoW), veille à ce qu'elle dispose des ressources nécessaires, et puisse éliminer les obstacles (résolution des points à traiter) de manière opportune. Un leadership efficace est indispensable à la réussite d'une équipe auto-organisée.

Nous insistons sur le fait que le chef d'équipe accompagne la WoW de son équipe. Il ne saurait la dicter ou se l'approprier. Dans DA, toute l'équipe est responsable de sa WoW, pas uniquement le leadership ou, pire encore, une personne extérieure à l'équipe.

Les responsabilités du leadership d'une équipe peuvent se résumer comme suit :

- guider l'équipe pour l'aider à choisir et à faire évoluer sa WoW ;
- faciliter la collaboration étroite entre les rôles et les fonctions ;
- veiller au bon fonctionnement et à la productivité de l'équipe ;
- maintenir l'équipe concentrée sur le contexte de sa vision et de ses objectifs ;
- collaborer avec la direction de l'organisation afin d'éliminer les obstacles au niveau de l'équipe et de faire remonter les obstacles à l'échelle de l'organisation ;
- protéger l'équipe des interruptions et des interférences externes ;
- maintenir une communication ouverte et honnête entre toutes les personnes impliquées ;
- accompagner les collègues dans l'utilisation et l'application des pratiques Agile ;
- inciter l'équipe à discuter et à réfléchir aux problèmes une fois identifiés ;
- faciliter la prise de décision, mais ne pas prendre de décisions ni imposer une activité d'équipe interne ;
- s'assurer que l'équipe reste fixée sur la production d'une solution potentiellement consommable.

Lorsqu'un chef d'équipe dirige une équipe projet ou une équipe fonctionnelle (comme une équipe marketing), il peut se voir demander d'assumer des responsabilités de gestion que les cadres de travail Agile minimisent souvent. Voici des exemples de responsabilités optionnelles, et de difficultés associées, qu'un chef d'équipe peut être amené à assumer.

- **Évaluer les équipiers.** L'objectif du processus Faire croître les équipiers décrit plusieurs techniques possibles pour évaluer des personnes ou leur transmettre des observations. Si cette initiative relève souvent de la responsabilité d'un gestionnaire des ressources humaines, les personnes dans ces rôles ne sont parfois pas disponibles. Lorsqu'un chef d'équipe est chargé d'évaluer ses collègues, il se retrouve dans une position d'autorité par rapport aux personnes qu'il doit diriger et avec qui il doit collaborer. Cette situation peut avoir de profondes incidences sur la dynamique des relations entre les membres et le chef d'équipe. La sécurité psychologique des membres est compromise lorsqu'ils travaillent avec leur chef, car ils ne savent pas en quoi ils pourraient influencer leur évaluation.
- **Gérer le budget de l'équipe.** Bien que le Référent fonctionnel (Product Owner) représente une passerelle vers le financement, une personne peut être requise pour suivre et déclarer comment sont dépensés les budgets. Si le Référent fonctionnel (Product Owner) ne se charge pas de cette tâche, cette dernière revient généralement au chef d'équipe.
- **Rendre compte à la direction.** Cela permet de garantir qu'un membre de l'équipe (peut-être elle-même) consigne les métriques pertinentes et rend compte de l'avancement à la direction de l'organisation. Dans le meilleur des cas, ce type de rapport est automatisé via la technologie des tableaux de bord. Dans le cas contraire, le chef d'équipe est souvent chargé d'établir manuellement les rapports requis. Les objectifs des processus Organiser les métriques et Mesurer les résultats abordent en détail les métriques.

- **Obtenir des ressources.** Le chef d'équipe est souvent tenu de s'assurer de la disponibilité des outils collaboratifs, comme les tableaux des tâches pour la coordination de l'équipe et les tableaux blancs pour la modélisation.
- **Animer des ateliers.** Cela permet de garantir qu'un équipier (ou l'équipe elle-même) anime les divers ateliers (ateliers de coordination, ateliers de planification de l'itération, monstrations, séances de modélisation et rétrospectives).

Être chef d'équipe est souvent un rôle à temps partiel, en particulier pour les équipes de plus petite dimension. Par conséquent, un chef d'équipe doit soit avoir les compétences pour être aussi un équipier, soit, dans certains cas, être un référent d'architecture. (Ce point sera abordé en détail plus loin.) Néanmoins, pour une équipe novice en agilité, les aspects coaching du rôle de chef d'équipe sont essentiels afin de réussir à adopter l'agilité. Les organisations qui débutent dans l'agilité peuvent avoir des difficultés avec le concept, car elles n'ont jamais eu à faire un tel investissement dans le développement de son personnel.

Une autre option consiste à désigner une personne qui assumera le rôle de chef pour deux ou trois équipes. Mais cela oblige ces dernières à échelonner leurs cérémonies, comme les ateliers de coordination, les monstrations et les rétrospectives, afin que le chef d'équipe puisse y participer. Cette option est valable pour les équipes ayant de l'expérience en pensée et techniques Agile, car elles ne nécessitent pas beaucoup de mentorat. Par ailleurs, à mesure que les équipes se soudent et maîtrisent l'auto-organisation, le rôle de chef d'équipe permanent se fait moins ressentir. Une personne peut prendre ce rôle de temps à autre afin d'en assumer les responsabilités.

Référent d'architecture

Le référent d'architecture est la personne qui aide l'équipe à prendre des décisions concernant l'architecture et la conception, en facilitant l'identification et l'évolution de la conception de la solution dans son ensemble [AgileModeling]. Souvent, pour les petites équipes, le chef d'équipe est aussi le référent d'architecture, en supposant que cette même personne dispose des compétences nécessaires pour ces deux rôles. Nous constatons, par expérience, qu'il est déjà assez difficile de trouver une personne qualifiée pour assumer l'un de ces rôles, sans parler des deux.

Bien que le référent d'architecture soit généralement un développeur confirmé au sein de l'équipe, et parfois connu sous le nom d'architecte technique, d'architecte logiciel ou d'architecte solution, il est important de remarquer qu'il ne s'agit pas d'une position hiérarchique à laquelle relèvent les autres équipiers. Le référent d'architecture doit s'engager et livrer le travail correspondant aux tâches, tout comme n'importe quel autre membre de l'équipe. Il doit avoir une formation technique et de solides connaissances du domaine d'activité.

Ses responsabilités incluent :

- guider la création et l'évolution de l'architecture de la solution sur laquelle travaille l'équipe (Il convient de noter qu'il n'est pas uniquement chargé de gérer l'architecture, mais aussi de diriger les discussions relatives à l'architecture et à la conception.) ;
- accompagner les autres membres de l'équipe dans les pratiques et les questions d'architecture ;
- comprendre l'orientation et les normes de votre organisation en matière d'architecture et s'assurer que l'équipe les respecte ;
- travailler en étroite collaboration avec les architectes d'entreprise, le cas échéant, ou être un architecte d'entreprise (Notez qu'il peut s'agir d'un changement intéressant pour les grandes organisations dont les architectes d'entreprise ne participent pas encore activement aux équipes, une situation plutôt courante chez les petites organisation.) ;
- travailler en étroite collaboration avec le Référent fonctionnel (Product Owner) afin de l'aider à comprendre les besoins des parties prenantes techniques, les conséquences de la dette technique et la nécessité d'investir dans son remboursement, mais aussi, dans certains cas, à comprendre et à interagir plus efficacement avec les équipiers ;
- comprendre les actifs d'entreprise existants, comme les cadres de travail, les modèles et les sous-systèmes, et s'assurer que l'équipe les utilise, le cas échéant ;
- s'assurer que la solution sera facile à prendre en charge en encourageant une bonne conception et un remaniement en vue de minimiser la dette technique, le point central de l'objectif du processus Améliorer la qualité du DAD ;
- s'assurer que la solution est intégrée et testée régulièrement, idéalement à l'aide d'une pratique d'intégration continue ;
- avoir le dernier mot concernant les décisions techniques, mais essayer d'éviter de dicter l'orientation de l'architecture en faveur d'une approche collective et collaborative (Le référent d'architecture doit collaborer étroitement avec l'équipe afin d'identifier et de déterminer des pratiques et techniques pour limiter les principaux risques techniques, traités par l'objectif du processus Démontrer l'architecture tôt du DAD.) ;
- diriger l'élaboration d'une vision globale de l'architecture au début d'une release et soutenir l'élaboration d'une vision globale des exigences, en particulier lorsqu'il s'agit de comprendre et de faire évoluer les exigences non fonctionnelles de la solution.

Rôles secondaires possibles

Nous aimerions pouvoir vous dire qu'il vous suffira de réunir les cinq rôles principaux décrits plus haut pour réussir. En réalité, les rôles principaux ne couvrent pas l'éventail complet des compétences. Il est peu probable que votre équipe dispose de toute l'expertise technique dont elle a besoin. Votre Référent fonctionnel (Product Owner) ne peut pas avoir des connaissances spécialisées dans tous les aspects du domaine. Et quand bien même votre organisation compte des experts dans tous les aspects du développement et de la livraison de solution, elle ne peut pas doter ses équipes de toute l'expertise nécessaire. Votre équipe devra peut-être ajouter une partie ou la totalité des rôles suivants.

1. **Expert du domaine (expert en la matière).** Le Référent fonctionnel (Product Owner) représente un grand nombre de parties prenantes, et pas seulement les utilisateurs finaux. Par conséquent, il n'est pas raisonnable de s'attendre à ce qu'il soit un expert dans tous les aspects du domaine, ce qui est particulièrement vrai dans les domaines complexes. Le Référent fonctionnel (Product Owner) fera parfois appel à des experts du domaine afin qu'ils rejoignent l'équipe. (Par exemple, un expert fiscal expliquera les détails d'une exigence ou un cadre sponsor pour expliquer la vision.)
2. **Spécialiste.** Si la plupart des équipiers Agile sont des spécialistes généralistes, des spécialistes peuvent parfois être nécessaires, en particulier à grande échelle. Par exemple, pour les grandes équipes ou les domaines complexes, un ou plusieurs analystes métiers Agile peuvent rejoindre l'équipe afin d'aider à analyser les exigences de votre produit. Pour les très grandes équipes, un chef de programme peut être indispensable afin de coordonner les chefs d'équipe des différentes escouades ou sous-équipes. Vous verrez également des spécialistes composer des équipes en cas d'indisponibilité de spécialistes généralistes. Si votre organisation est novice en agilité, elle peut être dotée de spécialistes qui ne sont pas encore des spécialistes généralistes.
3. **Expert technique.** L'équipe a parfois besoin de l'aide d'experts techniques, comme un responsable de l'assemblage de la solution pour mettre au point ses scripts de construction, un administrateur de base de données Agile pour aider à concevoir et à tester sa base de données, ou un expert en sécurité pour donner des conseils concernant la rédaction d'une solution sécurisée. L'équipe fait appel à des experts techniques en cas de besoin et de manière temporaire afin de surmonter un problème complexe et de transférer ses compétences à un ou plusieurs développeurs. Les experts techniques travaillent souvent avec d'autres équipes chargées de problèmes de l'entreprise ou bien sont des spécialistes provenant d'autres équipes de livraison qui sont détachés auprès de votre équipe.

4. **Testeur externe à l'équipe.** Bien que les tests soient en grande partie réalisés par les membres de l'équipe DAD, certaines équipes sont épaulées par une équipe de test indépendante travaillant en parallèle qui validera leur travail tout au long du cycle de vie. Cette équipe de test indépendante est généralement requise pour prendre en compte des domaines complexes, à l'aide d'une technologie complexe, ou traiter des problèmes de conformité règlementaire.

5. **Intégrateur.** Pour les grandes équipes DAD organisées en une équipe de sous-équipes ou escouades, les sous-équipes sont souvent responsables d'un ou de plusieurs sous-systèmes ou fonctionnalités. En règle générale, plus l'équipe dans son ensemble est grande, plus la solution en cours de conception est grande et compliquée. Dans ces situations, l'équipe peut affecter une ou plusieurs personnes au rôle d'intégrateur chargé de concevoir la solution dans son intégralité à partir de ses divers sous-systèmes. Pour les petites équipes ou les situations plus simples, le référent d'architecture est souvent chargé de l'intégration, une responsabilité reprise par le ou les intégrateurs dans des environnements plus complexes. L'intégrateur travaille en étroite collaboration avec l'équipe de test indépendante, le cas échéant, afin de tester régulièrement l'intégration du système pendant la release. Le rôle de l'intégrateur est uniquement nécessaire à grande échelle pour les solutions techniques complexes.

Il est intéressant de noter que, pour les organisations novices en agilité, les équipes Agile peuvent avoir besoin de personnes dans ces rôles secondaires plus tôt dans le cycle de vie que d'ordinaire avec des équipes traditionnelles. Il est aussi moins facile de prévoir le moment où ce besoin se fera ressentir en raison du caractère évolutif d'Agile, par rapport au développement traditionnel. Nous avons constaté que les personnes qui assument ces rôles secondaires doivent faire preuve de flexibilité.

Les trois rôles de leadership

Nous faisons souvent référence au chef d'équipe, au Référent fonctionnel (Product Owner) et au référent d'architecture comme le trio dirigeant de l'équipe. D'après la figure 4.4, les priorités du Référent fonctionnel (Product Owner), du référent d'architecture et du chef d'équipe sont, respectivement, de construire le bon produit, de bien construire le produit et de construire le produit rapidement. Ces trois priorités doivent être équilibrées à l'aide d'une collaboration étroite entre les personnes assumant ces rôles. La figure 4.4 montre également les conséquences si l'une de ces priorités est ignorée. Lorsque les équipes sont novices en agilité, le point central peut être assez petit au début. Mais, au fil du temps, les personnes dans ces trois rôles de leadership, et plus important encore l'équipe dans son ensemble, contribueront à l'élargir.

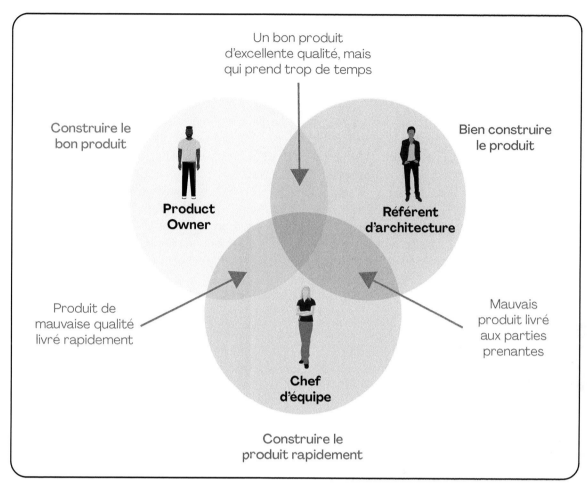

Figure 4.4. Points de vue des trois rôles de leadership.

Avons-nous réellement besoin des rôles Scrum ?

Le monde était différent dans les années 1990, lorsque Scrum a été créé. Nous étions habitués à travailler par domaines spécialisés, à construire des logiciels à partir de documents et nous ne savions pas réellement comment et quand collaborer, d'où la nécessité d'un Référent Agile (Scrum Master) pour réunir les membres de l'équipe et les fédérer autour d'un objectif. De nos jours, la plupart des jeunes développeurs n'ont jamais travaillé dans un environnement cloisonné. Ils n'ont pas besoin d'un rôle désigné au sein de leur équipe pour garantir une collaboration efficace. De la même façon, pourquoi avons-nous besoin d'un Référent fonctionnel (Product Owner) officiel entre l'équipe et le reste de nos parties prenantes ? Ce degré de séparation accroît les risques de mauvaise communication et empêche les équipes de développer l'empathie nécessaire envers les personnes ciblées par la solution qu'elles construisent. Aux débuts de Scrum, il était difficile d'avoir accès aux parties prenantes. C'est pourquoi le Référent fonctionnel (Product Owner) « obligatoire » a été créé. Aujourd'hui, il est plus communément admis d'avoir un accès direct à toutes les parties prenantes, et une participation active de leur part.

Dans l'Agilité Maîtrisée (« Disciplined Agile » ou DA), nous avons constamment besoin de rappeler aux équipes qu'il faut reconnaître l'importance du contexte et du choix. Comme tout dans DA, les rôles que nous décrivons sont de « bonnes idées » qui peuvent ou non vous convenir. Dans l'objectif du processus Construire l'équipe, nous vous encourageons à considérer les rôles qui ont du sens pour votre équipe. Si vous démarrez dans l'agilité et que vous rencontrez peu de résistance au changement au sein de votre organisation, vous souhaiterez peut-être adopter les rôles du DAD classiques. Si votre maturité et votre capacité Agile sont plus avancées, ou si l'adoption de nouveaux rôles est trop perturbante, vous souhaiterez adapter ces rôles en conséquence.

Adapter les rôles de l'équipe DAD à votre organisation

Comme nous l'avons mentionné précédemment, vous constituez vos équipes à partir des personnes dont vous disposez. Bon nombre d'organisations pensent qu'elles ne peuvent pas doter certains de ces rôles, ou que certains rôles du DAD ne correspondent pas tout à fait à leur culture existante. Par conséquent, elles estiment avoir besoin d'adapter les rôles afin de refléter leur situation. L'adaptation des rôles peut être très dangereuse, car nous avons constaté que les rôles du DAD fonctionnaient très bien dans la pratique. Ainsi, toute adaptation accroît le risque auquel l'équipe fait face. Le tableau 4.1 présente les options d'adaptation pour les rôles principaux, ainsi que les risques associés.

Tableau 4.1. Options d'adaptation potentielle des rôles principaux.

Rôle	Options d'adaptation et risques
Référent d'architecture	• **Architecte d'applications ou de solutions.** Un architecte traditionnel n'a pas une collaboration aussi poussée qu'un référent d'architecture. Par conséquent, sa vision risque d'être mal comprise ou ignorée par l'équipe. • **Absence de référent d'architecture.** Sans personne dans le rôle du référent d'architecture, l'équipe doit collaborer activement afin d'identifier une stratégie architecturale. Elle peut passer à côté de problèmes architecturaux et en payer le prix plus tard dans le cycle de vie avec plus de reprises.
Référent fonctionnel (Product Owner)	• **Analyste métier.** En général, l'analyste métier ne possède pas le pouvoir décisionnel d'un Référent fonctionnel (Product Owner). Par conséquent, il représente un goulot d'étranglement lorsque l'équipe doit prendre rapidement une décision. L'analyste métier tend également à favoriser la production de documentation des exigences plutôt que la collaboration directe avec les équipiers. • **Participation active des parties prenantes.** Les équipiers travaillent directement avec les parties prenantes afin de comprendre leurs besoins et d'obtenir un retour d'information sur leur travail. L'équipe devra trouver un moyen d'identifier et de travailler selon une vision cohérente. Autrement, elle risque d'être tiraillée entre diverses directions.
Partie prenante	• **Personas.** Bien qu'il y ait toujours des parties prenantes, vous n'y aurez peut-être pas accès ou, pour être plus précis, vous n'aurez pas accès toutes dans leur ensemble. Les personas sont des personnes fictives qui représentent les catégories de parties prenantes. Elles permettent à l'équipe de parler de ces personnes fictives et d'analyser leur interaction avec la solution.
Chef d'équipe	• **Référent Agile (Scrum Master).** Nous avons obtenu des résultats mitigés avec les Référent Agile (Scrum Master), en grande partie parce que la désignation Certified ScrumMaster® (CSM) ou Scrum Master certifié est très facile à obtenir. Par conséquent, nous vous suggérons de nommer un Référent Agile (Scrum Master) senior qualifié dans ce rôle, et pas seulement un CSM. • **Chef de projet.** Lorsqu'un chef de projet attribue du travail à son équipe, puis la surveille, il empêche son équipe de profiter de l'auto-organisation et diminue très probablement sa sécurité psychologique. Cela dit, un pourcentage élevé de chefs de projet est prêt et capable de laisser tomber les pratiques ou techniques de commande et de contrôle en faveur d'une approche du leadership. • **Absence de chef d'équipe.** Nous avons vu des équipes auto-organisées qui n'avaient pas besoin de chef d'équipe. Il y a toujours eu des équipes ayant travaillé ensemble sur de longues périodes dans lesquelles des personnes choisissent d'assumer ce qui aurait été normalement des responsabilités de chef, comme tout autre type de travail.
Équipier	• **Spécialistes.** Comme nous l'avons dit précédemment, si vous n'avez que des spécialistes à disposition, il vous faudra composer votre équipe avec ces personnes.

Le DAD et les rôles traditionnels

Nombreux sont les puristes Agile à insister pour que les rôles traditionnels, comme le chef de projet, l'analyste métier, le gestionnaire des ressources et bien d'autres encore, disparaissent avec Agile. Bien que cela *puisse* se produire à long terme, cela n'est pas raisonnable à court terme. L'élimination des rôles traditionnels au début de votre transformation Agile est révolutionnaire et suscite souvent une résistance envers l'adoption de l'agilité, qui se retrouve compromise. Nous préférons une approche plus évolutive et moins perturbatrice qui respecte les personnes et leurs aspirations professionnelles. Si l'agilité exige différentes façons de travailler, les compétences et la rigueur des spécialités traditionnelles demeurent extrêmement utiles. Les chefs de projet comprennent la gestion des risques, les techniques d'estimation et la planification de release. Les analystes métiers de formation classique ou certifiés apportent une boîte à outils fournie d'options de modélisation. (Bon nombre d'entre elles sont décrites dans l'objectif Explorer le périmètre.) Dire que nous n'avons pas besoin de chefs de projet ou d'analystes métiers est irréfléchi, naïf et irrespectueux envers ces professions.

Cela étant dit, les principaux rôles du DAD sont extrêmement efficaces dans la pratique. Lorsque nous travaillons avec des organisations en vue d'améliorer leur WoW, nous aidons autant de personnes que possible à quitter leur rôle traditionnel existant en faveur d'un rôle du DAD qu'elles estiment plus épanouissant dans la pratique. La figure 4.5 décrit les options courantes de plusieurs rôles traditionnels. Nous montrons des généralisations. Il est important de reconnaître que les personnes choisiront leur propre plan de carrière en fonction de leurs préférences et souhaits. Nous avons tous des options de carrière dans Agile. Un aspect très important, tout le monde peut trouver sa place dans une organisation Agile s'il a la volonté d'apprendre une nouvelle façon de travailler et d'assumer de nouveaux rôles.

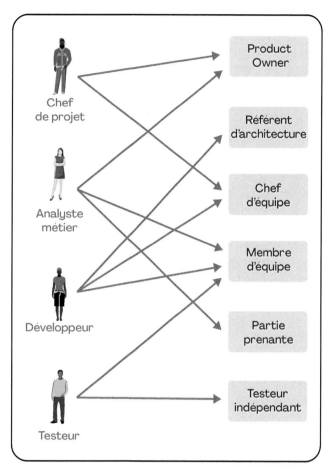

**Figure 4.5. Transitions courantes des rôles
traditionnels aux rôles du DAD.**

Récapitulatif

Ce chapitre a abordé les droits et les responsabilités possibles des membres d'une équipe DAD, ainsi que les rôles qu'ils peuvent choisir d'assumer. Nous utilisons volontairement le mot « possibles », car il vous faudra adapter ces idées à l'environnement culturel de votre organisation. Néanmoins, nous avons montré que plus vous vous écartez des rôles et des responsabilités du DAD, plus vous prenez des risques. Vous avez appris que :

- Le DAD définit cinq rôles principaux, à savoir le chef d'équipe, le Référent fonctionnel (Product Owner), l'équipier, le référent d'architecture et la partie prenante, présents dans toutes les équipes.
- Dans de nombreuses situations, les équipes s'appuieront sur des rôles secondaires, comme des spécialistes, des experts du domaine, des experts techniques, des testeurs externes ou des intégrateurs, le cas échéant.
- Les rôles du DAD sont destinés à être un point de départ, comme toute autre chose par ailleurs. Vous avez certainement des raisons valables d'adapter les rôles de votre organisation.
- Avec les rôles, comme pour tout, faites de votre mieux dans votre situation et cherchez à vous améliorer au fil du temps.

Chapitre 5

Objectifs de processus

Nous devons apprendre non seulement à accepter les différences entre
nous et nos idées, mais aussi à les accueillir et à les apprécier
avec enthousiasme. —Gene Roddenberry

Points importants de ce chapitre

- Bien que chaque équipe ait sa propre façon de faire, elle doit atteindre les mêmes objectifs de processus (résultats de processus).
- Les objectifs de processus vous guident dans vos réflexions et vos options possibles ; ils ne vous imposent pas de marche à suivre.
- Les objectifs de processus du DAD vous offrent des choix, chacun assorti de compromis.
- Efforcez-vous de faire de votre mieux immédiatement dans votre situation.
- Si les objectifs de processus du DAD vous paraissent trop compliqués de prime abord, demandez-vous ce que vous pourriez éliminer.

Le Développement Agile Maîtrisé (« Disciplined Agile Delivery » ou DAD) adopte une approche directe afin d'accompagner les équipes à choisir leur façon de faire (« Way of Working » ou WoW). Les objectifs de processus guident les équipes dans leurs décisions relatives à leur démarche de développement afin d'adapter les pratiques et techniques Agile à leur contexte [Goals]. Certains parlent de la WoW pilotée par les capacités, de la WoW pilotée par les résultats ou d'approche pilotée par les vecteurs.

Chaque objectif de processus du DAD définit un résultat de processus général, comme améliorer la qualité ou explorer le périmètre initial, sans indiquer la marche à suivre. Il indique plutôt les points à traiter à prendre en considération, que nous appelons points de décision, et certaines options possibles que vous auriez prises.

Les objectifs de processus guident les équipes dans leurs décisions liées aux processus afin d'adapter et de mettre à l'échelle des pratiques Agile par rapport au contexte de la situation rencontrée. Cet effort d'adaptation ne devrait prendre que quelques heures, et non plusieurs jours. Les diagrammes d'atteinte des objectifs du DAD vous aideront à rationaliser cette démarche. Les objectifs de processus sont une approche recommandée pour aider les équipes à choisir leur WoW et font partie intégrante de l'échafaudage de processus de l'Agilité Maîtrisée.

Pourquoi une approche pilotée par les objectifs ?

Dans le chapitre 1, nous avons appris qu'il existe de bonnes raisons pour les équipes de s'approprier leur processus et de choisir, puis de faire évoluer leur WoW au fil du temps. Tout d'abord, chaque équipe rencontre une situation unique et, par conséquent, doit adapter son approche afin de mieux aborder cette situation et faire évoluer sa WoW en conséquence. Autrement dit, le contexte est important. Ensuite, vous devez avoir la liberté de faire des choix et d'en connaître la nature. Vous ne pouvez pas vous approprier votre démarche de développement si vous ne connaissez pas votre produit. Enfin, nous voulons exceller dans notre travail. Il nous faut donc expérimenter des façons de travailler afin de savoir comment devenir la meilleure équipe qui soit.

La plupart des équipes ont du mal à s'approprier leur démarche de développement, en grande partie parce qu'elles ne possèdent pas l'expertise des diverses approches du développement. Elles ont besoin d'aide. C'est là qu'interviennent les objectifs de processus. D'après notre expérience, l'adoption d'une approche orientée par les objectifs pour le développement et la livraison de solutions Agile comporte plusieurs avantages fondamentaux :

- Elle permet aux équipes de se concentrer sur les résultats et non sur la conformité des processus.
- Elle offre la possibilité d'accéder à des décisions plus Lean et utiles concernant les processus.
- Elle favorise le choix de votre WoW par la prise de décisions explicites concernant les processus.
- Elle clarifie les options de votre démarche de développement et facilite l'identification d'une stratégie appropriée pour la situation à laquelle vous faites face.
- Elle permet un ajustement d'échelle efficace en vous proposant des pratiques et techniques suffisamment élaborées pour tenir compte des complexités rencontrées.
- Elle permet d'éviter les incertitudes relatives à l'extension de techniques Agile et vous permet donc de vous concentrer sur votre véritable tâche, à savoir créer de la valeur pour vos parties prenantes.
- Elle met en évidence les risques que vous prenez pour ainsi accroître vos chances de réussite.
- Elle suggère un modèle de maturité Agile, ce qui est important pour toute organisation ayant du mal à s'écarter des modèles de maturité traditionnels.

Quel niveau de détail est considéré comme suffisant ?

La quantité de détails des processus nécessaire à une personne, ou une équipe, dépend de votre situation. En règle générale, plus vous avez de l'expérience, moins vous avez besoin de détails. Dans la figure 5.1, nous avons choisi de présenter le niveau de détails du DAD en commençant par les objectifs de processus généraux orientés par les résultats pour finir avec les détails d'une pratique donnée. Le Navigateur Agilité Maîtrisée [DABrowser] présente les trois premiers niveaux, à savoir les objectifs de processus, les diagrammes d'atteinte des objectifs de processus et les tableaux des options. Le quatrième niveau, à savoir les descriptions détaillées des pratiques et techniques, peut compter des dizaines de milliers de pages. Les critères Agile et Lean sont extrêmement larges. Notre objectif avec le DAD est de vous aider à les mettre en contexte.

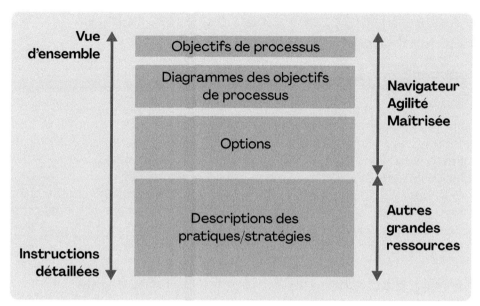

Figure 5.1. Niveau de détail des objectifs de processus.

Comme vous le voyez à la figure 5.1, il existe quatre niveaux de détail pour les descriptions des objectifs de processus.

1. **Objectif de processus.** Il s'agit du nom d l'objectif de processus. Par exemple, Identifier une stratégie d'architecture, Accélérer la création de valeur, Déployer la solution ou Faire croître les équipiers. Les objectifs de processus dénommés sont utiles, car ils créent une terminologie cohérente indispensable pour parler des problèmes de processus entre les équipes aux WoW potentiellement très différents.

2. **Diagramme d'atteinte des objectifs de processus.** Il s'agit de la représentation visuelle des aspects à prendre en considération pour réfléchir à l'objectif, ce que nous appelons les points de décision, et aux diverses options de chaque point de décision à choisir. Nous ne prétendons pas avoir identifié toutes les techniques possibles à votre disposition, mais suffisamment pour vous proposer un large éventail d'options et insister sur le fait que vous avez le choix. À bien des égards, le diagramme d'atteinte des objectifs de processus est une version améliorée d'un arbre de décision. Un exemple est illustré à la figure 5.4 plus loin dans ce chapitre. Les diagrammes d'atteinte des objectifs de processus sont utiles aux professionnels expérimentés, notamment les coaches Agile, comme représentations de ce qu'ils doivent prendre en considération pour adapter la partie de leur WoW concernée par l'objectif en question.

3. **Tableaux des options.** Le tableau des options est un résumé des pratiques ou techniques possibles que vous devez envisager d'adopter pour traiter un point de décision donné. Chaque option est associée à des compromis afin de la mettre en contexte. Il n'existe pas de meilleure pratique. Chaque pratique ou technique est efficace dans certains contextes et inappropriée dans d'autres. Les tableaux des options vous aident à identifier ce que vous pensez être la meilleure option à expérimenter pour votre équipe dans la situation actuelle. La figure 5.5 propose un exemple plus loin dans ce chapitre.

4. **Descriptions des pratiques ou techniques.** Chaque technique est décrite dans des billets de blogue, des articles et, parfois, un ou plusieurs ouvrages. Par exemple, il existe des milliers de billets et d'articles, ainsi que diverses publications sur le développement piloté par les tests (test-driven development, TDD). Notre objectif est de vous orienter vers ces excellentes ressources. C'est d'ailleurs tout l'intérêt du Navigateur Agilité Maîtrisée.

Reconnaître l'importance du contexte : les équipes Agilité Maîtrisée sont pilotées par les objectifs

La figure 5.2 présente les objectifs d'une équipe DAD regroupés selon les trois phrases de Démarrage, de Construction et de Transition, ainsi que les objectifs durant le cycle de vie.

Si vous connaissez l'historique de vos processus, vous aurez sans doute remarqué que nous avons utilisé les intitulés de phase du processus unifié (« Unified Process » ou UP) [Kruchten]. Plus exactement, nous avons utilisé trois des quatre intitulés de l'UP, car le DAD n'a pas de phase d'élaboration, contrairement au UP. Certaines personnes y verront une preuve que le DAD est un doublon de l'UP. Mais si vous connaissez l'UP, vous vous rendrez compte que c'est totalement faux. Nous avons choisi d'utiliser ces intitulés, car ils convenaient parfaitement. Notre philosophie est de réutiliser et d'exploiter autant de grandes idées que possible, y compris la terminologie, et pas d'inventer une nouvelle terminologie si nous pouvons l'éviter.

Diagrammes d'atteinte des objectifs de processus

La liste des objectifs de processus généraux présentée à la figure 5.2 constitue un bon départ. Néanmoins, la plupart des personnes ont besoin de plus d'informations. Afin d'atteindre un niveau supérieur de détail, nous utilisons les diagrammes d'atteinte des objectifs, dont la notation est décrite à la figure 5.3 et un exemple est présenté à la figure 5.4. Penchons-nous tout d'abord sur la notation.

- **Objectifs de processus.** Les objectifs de processus sont représentés sous forme de rectangles arrondis.
- **Points de décision.** Les points de décision (des questions à aborder) sont représentés sous forme de rectangles. Les objectifs de processus comprendront au moins deux points de décision, le plus souvent quatre ou cinq, et il peut y en avoir plus. Chaque point de décision peut être mis en œuvre par les pratiques ou techniques présentées sous forme de liste à droite. Parfois, vous n'aurez pas à résoudre tous les points de décision compte tenu de votre situation. Par exemple, l'objectif du processus Coordonner les activités comprend le point de décision Coordonner dans l'ensemble du programme qui ne s'applique que si votre équipe fait partie d'une « équipe d'équipes ».
- **Listes ordonnées d'options.** Une liste ordonnée d'options est représentée avec une flèche à gauche de la liste des techniques. En d'autres termes, les techniques qui apparaissent en haut de la liste sont plus souhaitables, généralement plus efficaces dans la pratique, tandis que les techniques les moins souhaitables figurent en bas de la liste. Bien entendu, votre équipe doit s'efforcer d'adopter les techniques les plus efficaces compte tenu du contexte. Autrement dit, faites de votre mieux, mais sachez qu'il existe potentiellement de meilleures techniques que vous pouvez adopter. Du point de vue de la théorie de la complexité, un point de décision avec une liste d'options ordonnées est effectivement un vecteur qui indique un changement de trajectoire. À la figure 5.4, le point de décision Niveau de détail du document de périmètre a un ensemble d'options ordonnées, ce qui n'est pas le cas du deuxième.

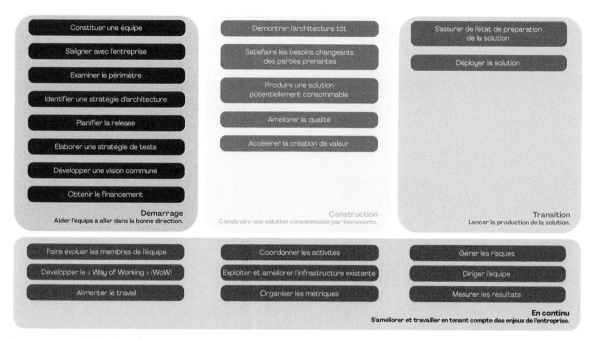

Figure 5.2. Objectifs de processus du Développement Agile Maîtrisé (« Disciplined Agile Delivery » ou DAD).

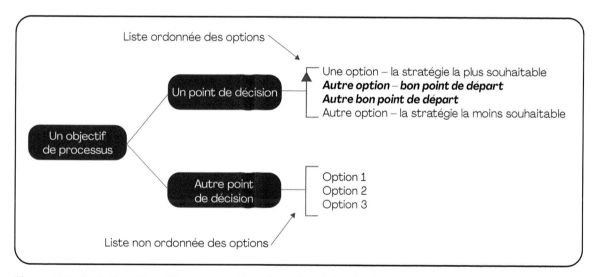

Figure 5.3. Notation d'un diagramme d'atteinte des objectifs de processus.

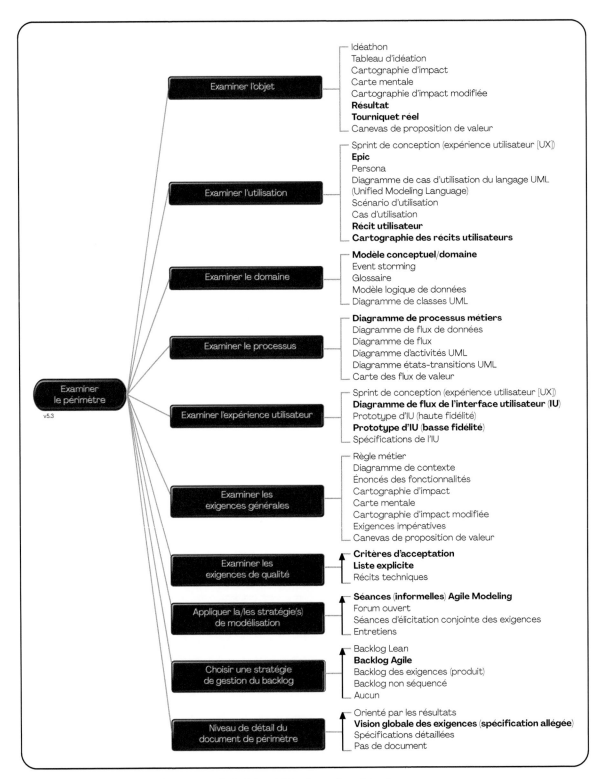

Figure 5.4. Diagramme d'atteinte de l'objectif Explorer le périmètre.

- **Listes non ordonnées d'options.** Une liste non ordonnée d'options est représentée sans flèche. Chaque option a ses avantages et ses inconvénients, mais le classement des options n'est pas clair.
- **Points de départ possibles.** Les points de départ possibles sont indiqués en gras et en italique. Étant donné que le choix est large, les techniques « par défaut » figurent également en gras et en italique. Ces techniques par défaut représentent de bons points de départ pour les petites équipes novices en agilité qui abordent un problème simple. Ce sont presque toujours des pratiques de Scrum, d'eXtreme Programming (XP) et d'Agile Modeling, avec quelques idées du processus unifié pour compléter le tout.

Il est courant d'associer plusieurs options à partir d'une liste donnée dans la pratique. Par exemple, prenez le point de décision Examiner l'utilisation de la figure 5.4. Les équipes novices en agilité appliquent souvent des épopées, des récits utilisateurs et la cartographie des récits utilisateurs pour examiner les exigences d'utilisation.

Penchons-nous davantage sur le diagramme d'atteinte de l'objectif Explorer le périmètre de la figure 5.4. Vous devez atteindre cet objectif de processus au début du cycle de vie durant la phase de Démarrage. (Si vous suivez un cycle de vie comprenant une phase de Démarrage, consultez le chapitre 6.) Alors que certaines techniques Agile vous conseilleront simplement de commencer par renseigner un backlog de produit avec des récits utilisateurs, le diagramme des objectifs affirme clairement que vous pourriez vouloir une approche un peu plus élaborée. Quel niveau de détail souhaitez-vous atteindre, le cas échéant ? Comment allez-vous examiner l'utilisation potentielle du système, les exigences de l'interface utilisateur ou les processus métiers pris en charge par la solution ? Les techniques par défaut, ou peut-être plus précisément les suggestions de points de départ, sont indiquées en gras et en italique. Vous pourriez avoir l'intention de capturer l'usage, les concepts de base du domaine (par exemple, via un diagramme conceptuel global), et les exigences non fonctionnelles Il existe différentes techniques possibles pour la modélisation. Choisissez les mieux adaptées à votre situation. Vous devriez également penser à votre approche de gestion de votre travail. Une approche de spécification allégée de rédaction de fiches et de croquis sur tableau blanc ne représente qu'une option parmi d'autres. Dans le DAD, nous montrons clairement que les équipes Agile ne se contentent pas uniquement de mettre en œuvre de nouvelles exigences. C'est pourquoi nous recommandons d'utiliser par défaut une liste d'éléments de travail plutôt qu'une pratique simpliste de backlog des exigences (produit). Les éléments de travail peuvent inclure de nouvelles exigences à mettre en place, des défauts à corriger, des ateliers de formation et des revues du travail d'autres équipes, entre autres. Tout cela doit être déterminé, hiérarchisé et planifié. Enfin, le diagramme d'atteinte des objectifs indique clairement de saisir les exigences non fonctionnelles, notamment en matière de fiabilité, de confidentialité, de disponibilité, de performance et de sécurité, lorsque vous examinez le périmètre initial de votre effort.

Mais qu'est-ce que c'est compliqué !

Notre stratégie avec l'Agilité Maîtrisée consiste à reconnaître explicitement que le développement logiciel, ainsi que les technologies de l'information et les organisations de manière générale, sont fondamentalement compliqués. L'Agilité Maîtrisée ne tente pas de réduire cela à une poignée de « meilleures pratiques ». Au contraire, elle communique explicitement les problèmes que vous rencontrez, les options dont vous disposez et les compromis à faire. De plus, elle simplifie le processus de choix des bonnes pratiques qui répondent à vos besoins. L'Agilité Maîtrisée fournit un échafaudage pour vous aider à prendre de meilleures décisions concernant les processus.

La figure 5.2 présente de nombreux objectifs de processus (24, pour être précis). Lequel retireriez-vous ? L'issue est généralement fatale lorsqu'une équipe ne tient pas compte des risques d'une manière ou d'une autre. Nous avons également vu des équipes choisir de ne pas atteindre l'objectif Améliorer la qualité uniquement pour augmenter leur dette technique. Dans la pratique, vous ne pouvez pas choisir d'ignorer l'un de ces objectifs sans prendre de risques. De la même façon, examinez les points de décision de la figure 5.4. Renonceriez-vous à l'un d'entre eux ? Probablement pas. Face à tous ces éléments à prendre en considération pour réussir à livrer une solution à long terme, notre ensemble pour le développement de solutions d'entreprise peut sembler minime.

Les détails : tableaux des options et références

Le niveau de détail suivant est le tableau des options. Un exemple est illustré à la figure 5.5 pour le point de décision Examiner les exigences de qualité de l'objectif Explorer le périmètre. Chaque tableau énumère les options (pratiques ou techniques), ainsi que les compromis de chacune. L'objectif est de mettre chaque option en contexte et, le cas échéant, vous diriger vers plus de détails sur cette technique.

La figure 5.6 vous montre comment vous obtenez des informations complémentaires à l'aide de liens dans le menu déroulant « Autres ressources ». Ici, vous voyez les liens associés à l'option relative aux critères d'acceptation. Ces liens vous dirigent vers des formations, des billets de blogue, des ouvrages ou des articles pertinents. La philosophie de l'Agilité Maîtrisée est de fournir suffisamment d'informations contextuelles pour déterminer si une option peut être adaptée, et vous orienter vers d'excellentes ressources si vous souhaitez en savoir plus.

Comment mettre en pratique les objectifs de processus

Les agilistes peuvent réaliser des objectifs dans plusieurs scénarios courants.

- **Identification des techniques et pratiques possibles à expérimenter.** Au chapitre 1, nous vous avons expliqué comment être guidé par l'amélioration continue. Selon cette pratique, une équipe s'appuie sur le DAD comme référence pour trouver des techniques à expérimenter. Parce que le DAD met les options en contexte, comme illustré à la figure 5.5, vous êtes plus susceptible d'identifier une technique adaptée à votre environnement.
- **Meilleures rétrospectives.** Les diagrammes d'atteinte des objectifs et les tableaux explicatifs fournissent une boîte à outils des options possibles que vous pouvez choisir d'expérimenter afin de surmonter les difficultés identifiées par l'équipe.

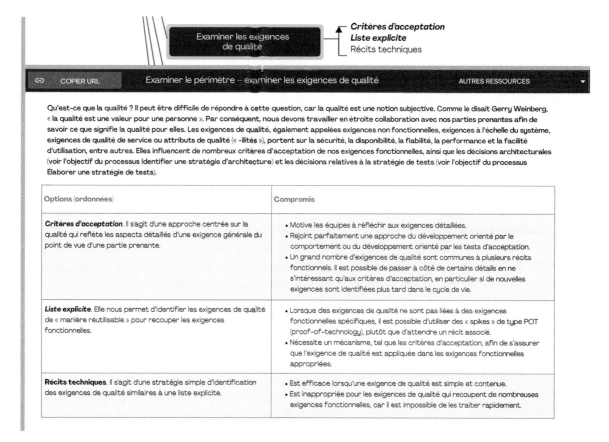

Figure 5.5. Examiner les exigences de qualité (capture d'écran du Navigateur Agilité Maîtrisée).

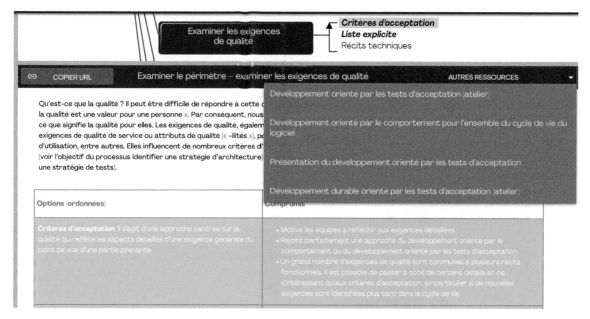

Figure 5.6. Références des critères d'acceptation (capture d'écran du Navigateur Agilité Maîtrisée).

- **Listes de contrôle.** Les diagrammes des objectifs sont souvent utilisés par des équipes expérimentées comme rappel des techniques possibles qu'elles peuvent choisir d'appliquer dans leur situation actuelle.
- **Ateliers d'adaptation des processus.** Les ateliers d'adaptation des processus, décrits au chapitre 1, sont souvent utilisés par les nouvelles équipes afin d'identifier ou de négocier leur collaboration. Les objectifs de processus s'avèrent souvent être d'excellentes ressources pour organiser ces ateliers. Pour cela, il suffit de les imprimer et de les afficher au mur, puis de s'y atteler en équipe.
- **Modèle de maturité[1].** Les points de décision ordonnés permettent de centrer efficacement un modèle de maturité sur un point de décision donné. Ce sont surtout des vecteurs qui indiquent aux équipes une démarche possible d'amélioration à suivre. Elle est similaire à la stratégie du modèle continu dans CMMI (Capability Maturity Model Integration) [CMMI].
- **Discussions productives sur les choix de processus.** Il est intéressant de noter que certains choix proposés dans les objectifs de processus ne sont pas très efficaces dans la pratique. COMMENT ÇA ? Nous constatons parfois que des équipes utilisent une technique parce qu'ils pensent que c'est la meilleure, ou bien que c'est « une bonne pratique », ou bien que c'est « la meilleure pratique », ou encore qu'elle leur est prescrite, ou enfin que c'est le mieux qu'ils puissent faire et ils n'ont jamais pensé à chercher plus loin. Quoi qu'il en soit, cette pratique ainsi que d'autres options valables est désormais proposée avec une description claire de leurs compromis. Ainsi, l'on est mieux à même de comparer et évaluer les pratiques et techniques et en choisir éventuellement une à expérimenter.

Récapitulatif

Ce livre décrit comment choisir votre WoW, mais aussi comment votre équipe peut réellement s'approprier son processus. La seule façon de vous approprier votre processus est de connaître votre produit. Les objectifs de processus contribuent à clarifier vos choix d'approches de développement de solution, et explicitent les compromis correspondants. Dans ce chapitre, nous avons étudié plusieurs concepts clés :

- Bien que chaque équipe ait sa propre façon de faire, elle doit atteindre les mêmes objectifs de processus (résultats de processus).
- Les objectifs de processus vous guident dans vos réflexions et vos options possibles ; ils ne vous imposent pas de marche à suivre.
- Les objectifs de processus vous offrent des choix, chacun assorti de compromis.
- Efforcez-vous de faire le mieux possible dans votre situation, d'apprendre et de vous améliorer au fil du temps.
- Si les objectifs de processus paraissent trop compliqués de prime abord, demandez-vous ce que vous pourriez éliminer.

---

[1] In DA, we're not afraid to use "agile swear words" such as management, governance, phase, and yes, even "maturity model."

Chapitre 6

Choisir le cycle de vie approprié

Que vos choix reflètent vos espoirs et non vos peurs. –Nelson Mandela

---

Points importants de ce chapitre

- Certaines équipes de votre organisation suivront un cycle de vie traditionnel. Le DAD reconnaît explicitement cela, mais ne soutient pas cette catégorie limitée de travail.
- Le DAD vous aide à choisir entre six cycles de vie de développement de solution, et à les faire évoluer, à partir de pratiques Agile ou Lean.
- Les cycles de vie basés sur le projet, mais aussi les cycles de vie Agile et Lean, comportent des phases.
- Chaque cycle de vie a ses avantages et ses inconvénients. Les équipes doivent choisir celui qui correspond le mieux à leur contexte.
- Les jalons communs et allégés fondés sur les risques assurent une gouvernance pertinente. Il est inutile d'obliger vos équipes à suivre la même démarche de développement.
- Une équipe commencera par un cycle de vie donné et le fera souvent évoluer à mesure qu'elle améliore constamment sa WoW.

Nous avons le privilège de travailler avec des organisations du monde entier. Lorsque nous intervenons auprès de l'une d'entre elles, souvent pour l'aider à améliorer sa façon de faire (« Way of Working » ou WoW), nous pouvons observer ce qui s'y produit réellement. Notre constat est toujours le même dans toutes les organisations, à l'exception des plus petites, à savoir qu'elles mettent en place plusieurs cycles de vie de développement et de livraison de solution dans leurs équipes. Certaines suivront un cycle de vie du projet Agile basé sur Scrum, tandis que d'autres auront adopté un cycle de vie Lean fondé sur Kanban. Les équipes les plus avancées, notamment celles qui s'orientent vers un état d'esprit DevOps, auront opté pour une approche du développement et de la livraison en continu [Kim]. Certaines peuvent se pencher sur une idée nouvelle et poursuivre un style d'approche « Lean Startup » expérimental, d'autres persisteront dans un cycle de vie plus traditionnel. Comme nous l'avons décrit au chapitre 2, la raison s'explique par le fait que chaque équipe est unique et se trouve dans une situation tout aussi unique. Les équipes doivent avoir une WoW qui reflète leur contexte. Le choix d'une WoW efficace consiste en grande partie à opter pour le cycle de vie qui correspond le mieux à leur situation. L'échafaudage du Développement Agile Maîtrisé (« Disciplined Agile Delivery » ou DAD) offre des choix de cycles de vie à vos équipes de développement, tout en leur assurant une gouvernance pertinente [LifeCycles].

Petit rappel : le cycle de vie en série

Tout d'abord, le cycle de vie traditionnel n'est actuellement pas inclus dans le DAD. Il existe plusieurs versions du cycle de vie en série, parfois appelé cycle de vie traditionnel, cycle de vie en cascade ou cycle de vie prédictif. La figure 6.1 décrit le modèle en V. Dans le principe, une équipe travaille par phases fonctionnelles, comme les exigences et l'architecture. La fin de chaque phase s'accompagne souvent d'une revue des jalons de type « barrière de qualité », généralement axée sur un examen de la documentation. Les tests interviennent vers la fin du cycle de vie. Chaque phase de test correspond à une phase de création d'artefacts plus tôt dans le cycle de vie, du moins pour le modèle en V. Le cycle de vie de ce modèle se fonde sur des théories des années 1960/1970 sur le fonctionnement du développement logiciel. Il convient de noter qu'au début des années 1990 et 2000, des organisations ont instancié par erreur le processus unifié rationnel (« Rational Unified Process » ou RUP) comme un processus lourd. Par conséquent, certains professionnels pensent que le RUP est aussi un processus traditionnel. C'est faux. Le RUP est un processus itératif et incrémental qui a été souvent mal implanté par des personnes trop ancrées dans l'état d'esprit traditionnel.

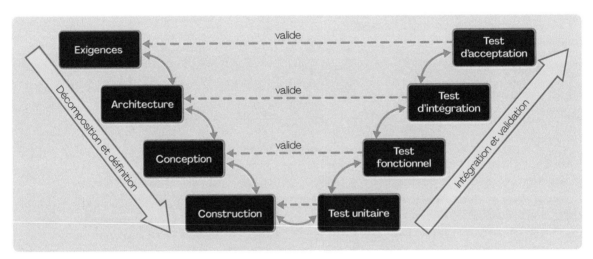

Figure 6.1. Modèle en V du cycle de vie du développement d'un logiciel.

Actuellement, l'approche en série n'est pas incluse de manière explicite dans le DAD. Alors, pourquoi en parler ? Parce que certaines équipes suivent une approche en série et ont besoin d'aide pour s'en écarter. Pire encore, de nombreuses personnes pensent que les techniques traditionnelles sont applicables à un large éventail de situations. Dans un sens, elles ont raison. En revanche, elles ne comprennent pas que les techniques Agile ou Lean s'avèrent être beaucoup plus efficaces dans la pratique pour la plupart de ces situations. Comme vous le verrez plus loin dans ce chapitre, dans certaines situations les techniques traditionnelles ont tout leur sens. Relativement rares.

Point d'histoire sur l'Agilité

Le terme « itération 0 » a été inventé par Jim Highsmith, l'un des créateurs du Manifeste Agile, dans son ouvrage intitulé *Agile Software Development Ecosystems* publié en 2002 [Highsmith]. Il a ensuite été adopté et renommé « Sprint 0 » par la communauté Scrum.

L'état d'esprit projet mène aux phases Agile, et c'est bien ainsi

Bon nombre d'organisations choisissent de financer le développement d'une solution sous forme de projets. Ces projets dépendent de la date (et ont des dates de début et de fin définies), ou dépendent du périmètre lorsqu'ils doivent livrer une fonctionnalité spécifique ou un ensemble de résultats, ou bien dépendent du coût, s'ils doivent respecter un certain budget. Certains projets présentent une association de ces contraintes, mais plus il y a de contraintes, plus le projet risque d'échouer. La figure 6.2 présente un aperçu général du cycle de vie de développement d'un projet. Comme vous pouvez le constater, il comprend trois phases.

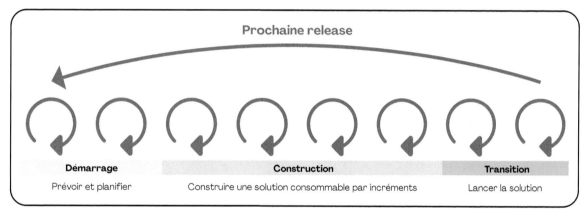

Figure 6.2. Cycle de vie du projet Agile (général).

1. **Démarrage.** La phase de démarrage est parfois appelée « sprint 0 », « itération 0 » ou lancement. L'idée est que l'équipe exécute uniquement le travail nécessaire pour s'organiser et aller dans la bonne direction. Elle procédera tout d'abord à sa constitution et investira du temps dans l'examen des exigences initiales et de l'architecture, la planification initiale, son alignement avec l'organisation et, bien sûr, l'obtention du financement pour le reste du projet. Cette phase doit rester aussi simple et courte que possible, tout en parvenant à un accord sur la façon dont l'équipe pense obtenir les résultats demandés par ses parties prenantes. Une équipe Agile/Lean consacre en moyenne 11 journées de travail, soit un peu plus de 2 semaines, aux activités de démarrage [SoftDev18].

2. **Construction.** L'objectif de la phase de construction est de produire une solution consommable avec une valeur client suffisante, aussi appelée incrément minimal apportant de la valeur métier (minimum business increment ou MBI), pour les parties prenantes. L'équipe travaillera en étroite collaboration avec les parties prenantes afin de comprendre leurs besoins, de construire une solution de qualité, d'obtenir régulièrement un retour d'information de leur part, puis d'agir en conséquence. L'équipe devra donc mener des activités d'analyse, de conception, de programmation, de test et de gestion pratiquement tous les jours. Nous y reviendrons.

3. **Transition.** La phase de transition est parfois appelée « sprint de release », « sprint de déploiement » ou alors « sprint de consolidation » si l'équipe a des problèmes de qualité. L'objectif de la phase de transition est de réussir à lancer la production de votre solution. Il s'agit notamment de savoir si vous êtes prêt à déployer la solution, puis de le faire concrètement. En moyenne, une équipe Agile/Lean consacre 6 journées de travail aux activités de transition. En revanche, si vous excluez les équipes dont les tests et le déploiement sont entièrement automatisés (à éviter, selon nous), le nombre de journées de travail moyen s'élève à 8,5 [SoftDev18]. Par ailleurs, 26 % des équipes ont entièrement automatisé les tests de régression et le déploiement, tandis que 63 % effectuent une transition en une journée maximum.

Même si les puristes Agile contestent le concept des phases et font souvent des pirouettes, comme appeler la phase de démarrage « sprint 0 » et la phase de transition « sprint de release », le fait est que les équipes projets Agile travaillent en série à un haut niveau. Elles doivent dégager du temps au début pour aller dans la bonne direction (démarrage/sprint 0), mais aussi pour produire la solution (construction) et la déployer (transition/sprint de release). C'est ce qui se produit dans la pratique, et vous pouvez facilement l'observer. L'essentiel est de rationaliser autant que possible vos efforts lors des phases de démarrage, de transition et de construction.

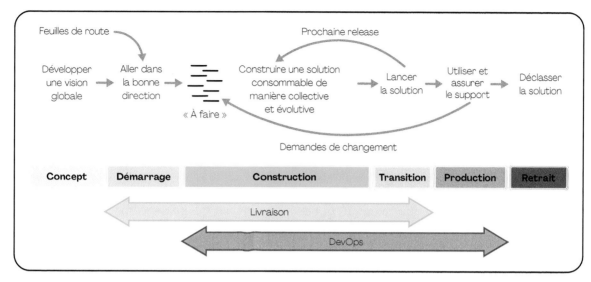

Figure 6.3. Cycle de vie du système/de la solution/du produit (général).

Les technologies de l'information, et votre organisation de manière générale, ne se limitent pas au développement et à la livraison d'une solution. Votre organisation est susceptible de compter plusieurs aspects organisationnels importants comme la gestion des données, l'architecture d'entreprise, les opérations, le management de portefeuille, le marketing, la gestion des fournisseurs, les finances, et d'autres Un cycle de vie complet du produit ou système s'étend du concept initial de la solution, via la livraison, aux opérations et au support. Il inclut souvent de nombreuses « boucles » au cours du cycle de vie de développement et livraison. La figure 6.3 présente un exemple le cycle de vie du système, avec le cycle de vie de développement et le cycle de vie DevOps comme sous-ensembles. Bien que cette figure ajoute les phases de conception (idéation), de production et de retrait, le DAD et ce livre se concentrent sur le développement de la solution ou du produit. Comme vous l'avez vu au chapitre 1, l'Agilité Maîtrisée (« Disciplined Agile » ou DA) comprend des pratiques qui englobent le DAD, DevOps Maîtrisé, les flux de valeur et l'Agilité Maîtrisée pour l'Entreprise (« Disciplined Agile Enterprise » ou DAE) de manière générale [DALayers].

Décalage à gauche, décalage à droite, développement et livraison en continu

Si certaines équipes adoptent une approche fondée sur le projet, ce n'est pas le cas de toutes. Néanmoins, nous nous attendons à ce que cette tendance s'accentue avec le temps. Une équipe de longue date a la possibilité de perdurer pendant une période généralement supérieure à un seul projet. Lorsqu'une telle équipe a eu les moyens de faire évoluer sa WoW, nous avons vu des choses étonnantes se produire : elles se sont montrées capables d'assurer un développement et une livraison en continu. L'expression décalage à gauche (« shift left ») est très utilisée chez les agilistes pour indiquer que les pratiques des tests et de la qualité sont réalisées tout au long du cycle de vie. C'est une bonne chose, mais la tendance du « décalage » ne se résume pas à cela. Il existe plusieurs tendances importantes, résumées à la figure 6.4, qui influenceront la façon dont une équipe fait évoluer sa WoW.

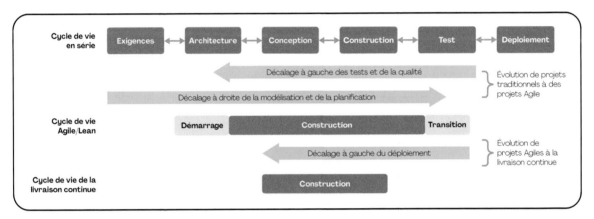

Figure 6.4. Évolution des cycles de vie avec le décalage des activités à gauche et à droite.

1. **Décalage à gauche des pratiques des tests et de la qualité.** De toute évidence, les agilistes décalent les tests vers la gauche via une plus grande automatisation et le remplacement des spécifications écrites par des spécifications exécutables. Ceci se fait à l'aide de pratiques comme le développement piloté par les tests [Beck] et le développement piloté par le comportement [ExecutableSpecs]. Ces pratiques sont, bien entendu, prises en charge par l'intégration en continu [HumbleFarley]. L'adoption de ces pratiques est un facteur de motivation important en faveur d'une stratégie d'« infrastructure en tant que code » où les activités essentiellement manuelles pour des équipes traditionnelles sont automatisées avec des équipes Agile.

2. **Décalage à droite des pratiques de la modélisation et de la planification.** Les agilistes ont également décalé les pratiques de la modélisation/représentation et de la planification vers la droite dans le cycle de vie afin que nous puissions adapter les retours d'information de nos parties prenantes. Dans le DAD, la modélisation et la planification sont si importantes que nous les exécutons pendant tout le cycle de vie de manière collaborative et itérative [AgileModeling].

3. **Décalage à droite des interactions avec les parties prenantes.** Les équipes DAD interagissent avec les parties prenantes durant l'ensemble du projet, et pas seulement durant les phases des exigences et des tests, au début et à la fin du cycle de vie.

4. **Décalage à gauche des retours d'information des parties prenantes.** Les équipes traditionnelles ont tendance à différer les retours d'information importants des parties prenantes au moment où les aux tests d'acceptation de l'utilisateur sont réalisés. Au contraire, les équipes DAD cherchent à obtenir un retour d'information des parties prenantes aussi tôt que possible, et régulièrement tout au long du projet.

5. **Décalage à gauche des pratiques de déploiement.** Les pratiques de déploiement sont complètement automatisées par les équipes Agile, une autre stratégie d'infrastructure en tant que code, afin de prendre en charge le déploiement continu. Il s'agit d'une pratique décisive pour les deux cycles de vie de développement et livraison en continu du DAD décrits ci-dessous.

6. **La véritable ambition est de développer et livrer en continu.** Tous ces décalages à gauche et à droite permettent aux équipes de travailler de manière à assurer une livraison continue. L'amélioration des processus consiste à travailler mieux, pas plus.

Pouvoir choisir, c'est bien : les cycles de vie du DAD

Le DAD comprend un choix de plusieurs cycles de vie pour les équipes. Ces cycles de vie, décrits en détail et résumés à la figure 6.5, sont les suivants.

1. **Agile.** Les équipes qui suivent ce cycle de vie du projet, basé sur le cycle de vie de construction Scrum, produiront des solutions consommables à l'aide d'itérations courtes (également appelées sprints ou blocs de temps).
2. **Développement et livraison en continu : Agile.** Les équipes qui suivent ce cycle de vie Agile travailleront par itérations très courtes, d'une semaine maximum en règle générale, à la fin desquelles leur solution est lancée en production.
3. **Lean.** Les équipes qui suivent ce cycle de vie du projet, basé sur Kanban, visualiseront leurs tâches, réduiront leur travail en cours afin de rationaliser leur flux, puis tireront un élément de travail à la fois
4. **Développement et livraison en continu : Lean.** Les équipes qui suivent ce cycle de vie Lean lanceront leur travail en production dès que possible, généralement plusieurs fois par jour.
5. **Exploratoire.** Les équipes qui suivent ce cycle de vie, basé sur Lean Startup [Ries] et le Design Thinking de manière générale, exploreront une idée en développant un ou plusieurs produits viables a minima qu'elles expérimenteront afin de déterminer les véritables attentes des clients potentiels. Ce cycle de vie est souvent appliqué lorsqu'une équipe rencontre un « problème pernicieux » [WickedProblemSolving] dans son domaine.
6. **Programme.** Un programme est une grande équipe organisée en équipe d'équipes.

À présent, penchons-nous davantage sur chacun de ces cycles de vie. Ensuite, nous verrons quand envisager de les adopter.

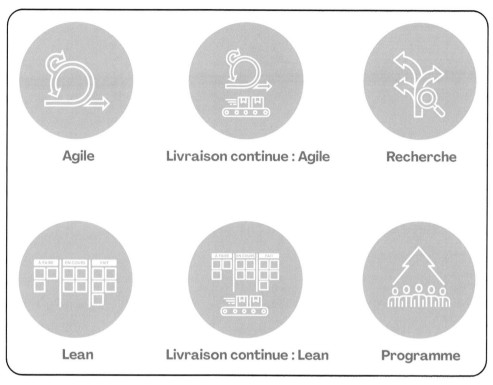

Figure 6.5. Cycles de vie du DAD.

Cycle de vie Agile du DAD

Le cycle de vie Agile du DAD, illustré à la figure 6.6, est largement basé sur le cycle de vie Scrum avec des concepts de gouvernance éprouvés du Processus Unifié (Unified Process, UP) afin de pouvoir l'intégrer au sein de l'entreprise [Kruchten]. Ce cycle de vie est souvent adopté par des équipes projets axées sur le développement d'une seule release d'une solution, même si parfois une équipe perdure et suit de nouveau ce cycle de vie pour la prochaine release (et la suivante, et ainsi de suite). À bien des égards, il décrit le fonctionnement d'un cycle de vie du projet basé sur Scrum dans un environnement de niveau entreprise. Nous avons travaillé avec des équipes qui considèrent cela comme du Scrum++, sans se sentir contraint par la culture de communauté Scrum qui consiste à faire abstraction des activités de développement de la solution qu'elles trouvent gênantes. Ce cycle de vie comporte plusieurs aspects importants.

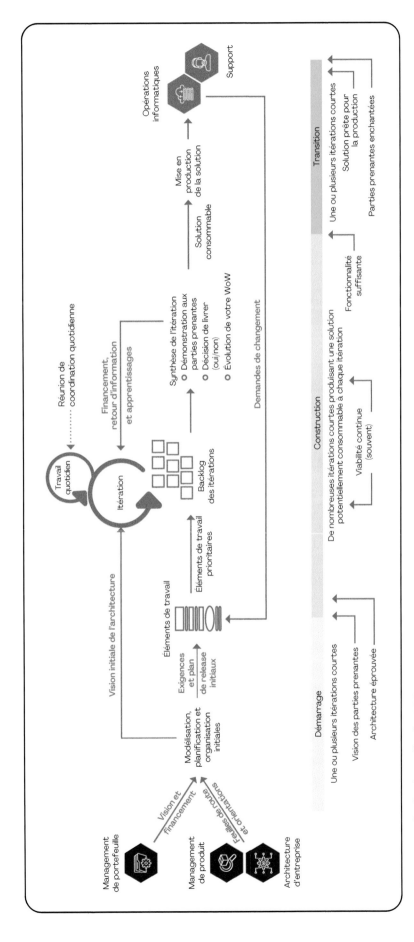

Figure 6.6. Cycle de vie Agile du DAD.

- **La phase de démarrage.** Comme nous l'avons décrit précédemment, l'équipe s'attache à exécuter uniquement le travail nécessaire pour s'organiser et aller dans la bonne direction. Le DAD vise à rationaliser l'ensemble du cycle de vie du début à la fin, y compris les activités de la phase de démarrage. Cette phase se termine lorsque nous parvenons à une vision commune des résultats attendus de l'équipe et de la façon de les atteindre.

- **La construction est organisée en itérations courtes.** Une itération est une courte période, généralement 2 semaines maximum, durant laquelle l'équipe de livraison produit une nouvelle version potentiellement consommable de sa solution. Il va de soi que, pour un nouveau produit ou une nouvelle solution, vous parviendrez à une solution vraiment consommable uniquement après avoir effectué plusieurs itérations. Cette phase se termine lorsque nous obtenons une valeur client suffisante, également appelée un incrément minimal apportant de la valeur au métier (minimum business increment, MBI).

- **Les équipes traitent les éléments de travail par petits lots.** Travailler par petits lots est fondamental dans Scrum. Étant donné que ce cycle de vie est basé sur Scrum, cet aspect est important. Quel que soit le cycle de vie, les équipes DAD sont susceptibles de s'occuper de plusieurs aspects : implanter de nouvelles fonctionnalités, donner des résultats positifs aux parties prenantes, effectuer des expérimentations, traiter les demandes de changement des utilisateurs finaux suite à l'utilisation de la solution actuellement en production, rembourser la dette technique, se former, et bien d'autres encore. En général, le référent fonctionnel (Product Owner) classe les éléments de travail par priorité, en fonction de la valeur métier. Néanmoins, le risque, les délais et la gravité (en cas de demandes de changement) peuvent également être pris en compte. L'objectif du processus Alimenter le travail propose diverses options pour gérer les éléments de travail. Dans chaque itération, l'équipe tire un petit lot de la liste des éléments de travail qu'elle pense pouvoir réaliser durant ce laps de temps.

- **Les cérémonies essentielles ont une cadence définie.** À l'instar de Scrum, ce cycle de vie prévoit plusieurs cérémonies Agile à des cadences spécifiques. Au début de chaque itération, l'équipe en effectue une planification détaillée, puis, à la fin de l'itération, elle réalise une monstration. Nous organisons une rétrospective pour faire évoluer notre WoW, et prenons la décision de poursuivre ou non. Nous participons également à une réunion de coordination quotidienne. Le fait de préciser quand organiser ces séances de travail importantes nous permet d'éviter des incertitudes relatives à la démarche. L'inconvénient est que Scrum ajoute un surcoût de processus avec les cérémonies. Ce problème est traité par le cycle de vie Lean.

- **La phase de transition.** L'objectif de la phase de transition est de s'assurer que la solution est prête à être déployée et, auquel cas, procéder à son déploiement. Cette « phase » peut être automatisée. (C'est d'ailleurs ce qui se produit lorsqu'on évolue vers les deux cycles de vie de développement et livraison en continu - Lean et Agile.)

- **Des jalons explicites.** Ce cycle de vie comprend tous les jalons simples et fondés sur les risques, comme vous pouvez les voir à la base du cycle de vie. Les jalons permettent au leadership de diriger plus efficacement, mais nous y reviendrons plus tard. Par « allégé », nous entendons qu'il est inutile que les jalons soient des contrôles administratifs officiels des artefacts. Dans l'idéal, ce sont simplement des moments de discussion concernant l'état et la santé de l'initiative.

- **Indication explicite des orientations et des feuilles de route de l'entreprise.** À gauche du cycle de vie, vous constatez que des flux importants se dirigent vers l'équipe depuis l'extérieur du cycle de vie de développement et livraison. Ceci s'explique par le fait que le développement et la livraison de la solution font partie de la stratégie DevOps globale de votre organisation, qui fait elle-même partie de votre stratégie informatique générale. Par exemple, la vision et le financement initiaux de votre projet peuvent provenir d'un groupe de management de produit, tandis que les feuilles de route et les orientations viennent d'autres domaines, comme l'architecture d'entreprise, la gestion des données et la sécurité. Souvenez-vous, les équipes DAD travaillent en tenant compte des enjeux de l'entreprise. Cela consiste, notamment, à adopter et à suivre des orientations appropriées.
- **Description des opérations et du support.** Si votre équipe travaille sur la nouvelle release d'une solution existante, vous recevrez probablement de la part d'utilisateurs finaux des demandes de changement, généralement via vos opérations et votre support. Pour les équipes qui travaillent dans un environnement DevOps, vous pourriez être responsable de la mise en production et du support de votre solution.

Cycle de vie Agile du développement et livraison en continu du DAD

Le cycle de vie Agile du développement et livraison en continu du DAD, illustré à la figure 6.7, est une progression naturelle du cycle de vie Agile de la figure 6.6. En général, les équipes évoluent vers ce cycle de vie à partir du cycle de vie Agile, en adoptant souvent des durées d'itération d'une semaine maximum. Le cycle de vie Agile développe et livre de nouvelles fonctionnalités après plusieurs itérations, au contraire du cycle de vie Agile du développement et livraison en continu qui développe et livre de nouvelles fonctionnalités tout au long de chaque itération. Ce cycle de vie comporte plusieurs aspects importants.

- **L'automatisation et les pratiques techniques sont essentielles.** Les équipes ont besoin d'un ensemble de pratiques techniques avancées concernant les tests de régression, l'intégration continue et le déploiement continu automatisés. Pour prendre en charge ces pratiques, il convient d'investir dans des outils, de rembourser la dette technique et, en particulier, de créer les tests de régression automatisés manquants.
- **Le démarrage a déjà été lancé.** Lorsque l'équipe a été constituée, la phase de démarrage a déjà été réalisée ; elle peut l'être de nouveau en cas de changement important, comme un changement majeur au niveau de l'orientation métier ou technique de l'entreprise. Donc, si un autre changement intervient, vous devrez certainement déployer suffisamment d'efforts pour réorienter l'équipe. Nous considérons cela comme une activité, et non comme une phase. C'est pourquoi la phase de démarrage n'apparaît pas. Néanmoins, nous constatons que des équipes s'arrêtent régulièrement au bout de quelques mois pour consacrer explicitement plusieurs jours à négocier, à un haut niveau, leurs actions pour les prochains mois. Dans SAFe, c'est ce qui est appelée la planification commune ou « planification d'incrément de programme », tandis qu'Agile Modeling parle de session de modélisation. Ces techniques sont abordées dans l'objectif du processus Coordonner les activités.

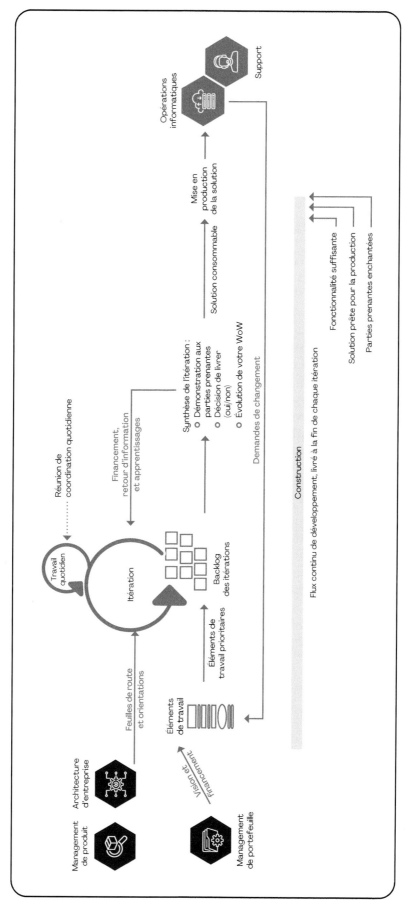

Figure 6.7. Cycle de vie Agile de développement et livraison en continu du DAD.

- **La transition est devenue une activité.** Avec l'automatisation des tests et du déploiement, la phase de transition a évolué d'une tâche sur plusieurs jours ou semaines vers une activité entièrement automatisée nécessitant seulement quelques minutes ou heures.
- **Des jalons et des flux de travail entrants explicites.** Il reste encore des jalons communs fondés sur les risques pour assurer une gouvernance pertinente. Certains jalons ne sont plus adaptés, en particulier la vision des parties prenantes et l'architecture éprouvée qui auraient pu être traitées auparavant. (Même en cas de changements majeurs, aucune raison ne vous empêche de traiter de nouveau ces jalons.) Les flux de travail entrants d'autres parties de l'organisation sont illustrés, comme pour les cycles de vie Agile et Lean.

Cycle de vie Lean du DAD

Le cycle de vie Lean du DAD, illustré à la figure 6.8, promeut des principes Lean, tels que la minimisation du travail en cours, la maximisation du flux, le flux de travail continu (au lieu d'itérations fixes) et la réduction des goulots d'étranglement. Ce cycle de vie orienté projet est souvent adopté par des équipes novices en l'agilité/Lean confrontées à des parties prenantes dont les besoins changent rapidement, un problème courant pour les équipes qui font évoluer (durer) une solution existante, et les équipes traditionnelles qui ne souhaitent pas prendre (du moins, pas tout de suite) les risques associés aux changements de culture et des processus généralement causés par l'adoption de l'agilité. Ce cycle de vie comporte plusieurs aspects importants.

- **Les équipes traitent un élément de travail à la fois.** Une différence majeure entre les cycles de vie Lean et Agile réside dans l'absence d'itérations. De nouvelles tâches sont tirées de la réserve d'éléments de travail une par une à mesure que l'équipe en a la capacité, contrairement à l'approche basée sur des itérations où l'équipe travaille par petits lots.
- **Les éléments de travail reçoivent une priorité « juste à temps ».** Les éléments de travail sont considérés comme une petite collection d'options, organisées par catégories d'urgence, de valeur (et, espérons-le, de risque) ou de date de livraison (si elle est fixe) ; certains doivent être accélérés (souvent un problème de production de niveau 1 ou une demande d'une partie prenante importante), et certains travaux sont intangibles (comme le remboursement de la dette technique ou la formation). L'affectation des priorités est réalisée juste à temps. L'équipe choisit l'élément de travail le plus important au moment où elle le tire pour l'exécuter.
- **Les pratiques sont réalisées au moment approprié.** À l'instar de l'affectation des priorités du travail, d'autres pratiques, comme la planification, les monstrations, le réapprovisionnement de la réserve d'éléments de travail, les réunions de coordination, les décisions de livrer et la modélisation anticipée, sont réalisées juste à temps. Ainsi, certains surcoûts liés au cycle de vie Agile sont éliminés, mais cela nécessite plus de discipline pour décider quand exécuter les différentes pratiques.

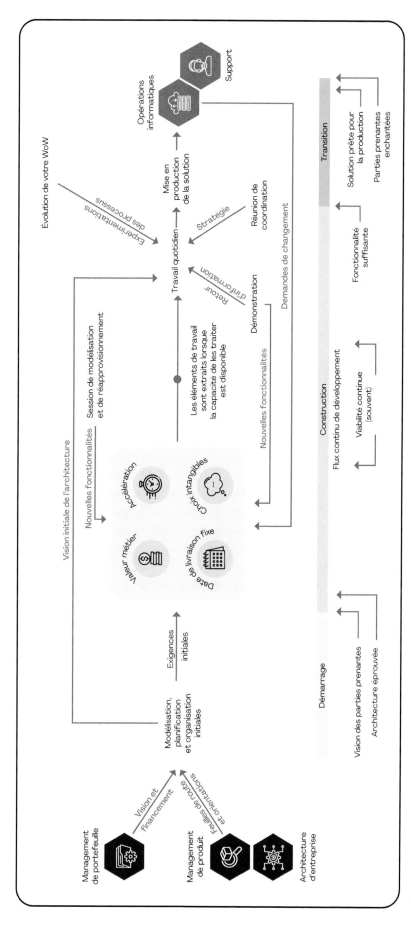

Figure 6.8. Cycle de vie Lean du DAD.

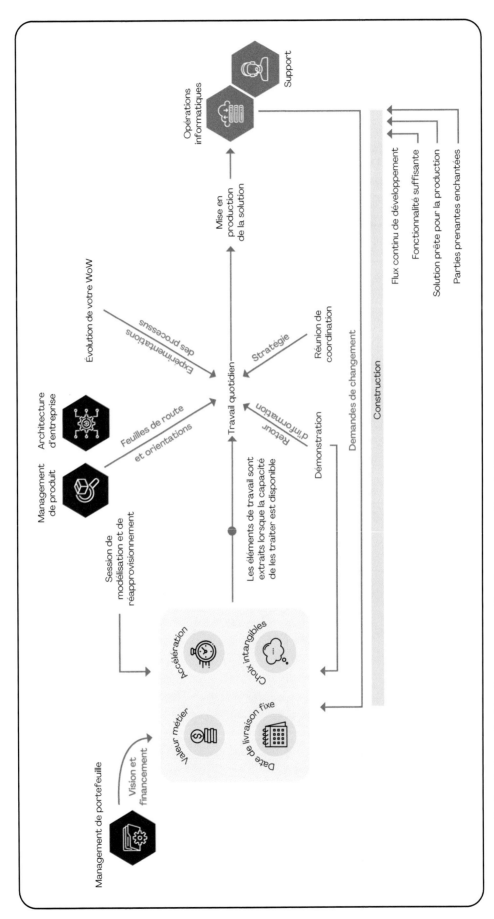

Figure 6.9. Cycle de vie Lean de développement et livraison en continu du DAD.

Des résultats à l'exploration continue

Nous avons observé un fait intéressant : lorsque vous saisissez des éléments de travail, par exemple des résultats, au lieu d'exigences, comme les récits utilisateurs, ce cycle de vie évolue vers une exploration continue des besoins des parties prenantes au lieu de la prise continue de commandes appliquée par les techniques pilotées vers les exigences.

- **Les équipes gèrent activement leur flux de travail.** Les équipes Lean utilisent un tableau Kanban [Anderson] pour gérer leur travail. Cet outil décrit l'avancement du processus général de l'équipe. Chaque colonne correspond à un état, comme Besoin de bénévole, À l'étude, En attente de développement, En construction, En attente de test, En cours de test et Fait. Ce ne sont que des exemples. En effet, chaque équipe choisit sa WoW et crée donc un tableau qui lui correspond. Les tableaux Kanban sont souvent créés à partir de tableaux blancs ou d'un logiciel de gestion Agile. Le travail est décrit à l'aide de tickets (matérialisées par des languettes adhésives apposées sur le tableau blanc) représentant chacune un élément de travail du backlog/de la réserve d'options ou une sous-tâche d'un élément de travail. Chaque colonne a un seuil de travail en cours (work-in-progress, WIP) qui fixe une limite supérieure au nombre de tickets dans cet état. À mesure que l'équipe exécute son travail, elle déplace les étiquettes correspondantes dans le processus sur son tableau Kanban afin de coordonner son travail.
- **Des phases, des jalons et des flux de travail entrants explicites.** Il reste encore des phases de démarrage et de transition, ainsi que des jalons fondés sur les risques pour assurer une gouvernance cohérente. Les flux de travail entrants d'autres parties de l'organisation sont illustrés, à l'instar du cycle de vie Agile.

Cycle de vie Lean du développement et livraison en continu du DAD

Développement et livraison en continu du DAD, illustré à la figure 6.9, est une progression naturelle du cycle de vie Lean. En général, les équipes évoluent dans ce cycle de vie à partir du cycle de vie Lean ou du cycle de vie du développement et livraison Agile en continu. Ce cycle de vie comporte plusieurs aspects importants.

- **Le développement et la livraison de nouvelles fonctionnalités se fait vraiment en continu.** L'équipe livre des changements de production plusieurs fois par jour, même si la fonctionnalité ne peut pas être activée tant qu'elle n'est pas nécessaire. (Il s'agit d'une technique DevOps appelée « bascule de fonctionnalité ».)
- **L'automatisation et les pratiques techniques sont essentielles.** Cet aspect est similaire au cycle de vie Agile de développement et livraison continue.
- **Les phases de démarrage et de transition ont disparu du diagramme.** Les raisons sont identiques à celles de leur disparition du cycle du développement et livraison Agile en continu.
- **Des jalons et des flux de travail entrants explicites.** Ici aussi, cet aspect est similaire au cycle de vie Agile du développement et de livraison continue.

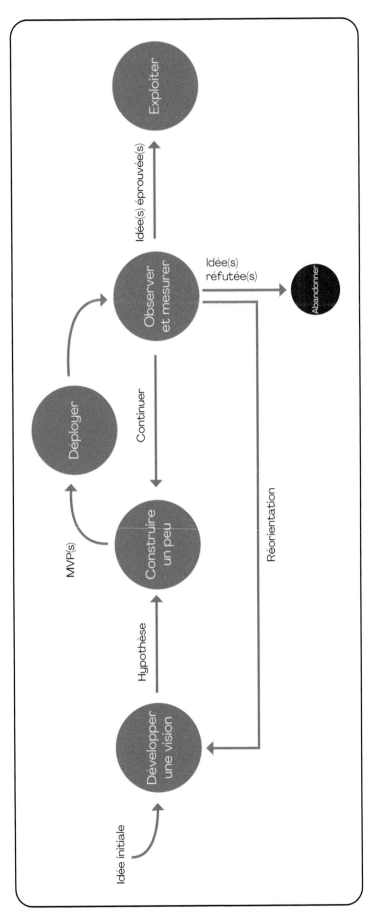

Figure 6.10. Cycle de vie exploratoire du DAD.

Cycle de vie exploratoire du DAD

Le cycle de vie exploratoire du DAD, illustré à la figure 6.10, repose sur les principes du Lean Startup proposés par Eric Ries. La philosophie du Lean Startup consiste à minimiser les investissements initiaux en favorisant les petites expérimentations [Ries], dans le développement de nouveaux produits ou services (offres) sur le marché. L'idée est de mener des expérimentations avec des clients potentiels afin d'identifier ce qu'ils veulent en fonction de l'utilisation réelle et d'augmenter nos chances de produire une solution qui les intéresse vraiment. Cette approche consistant à mener des expérimentations avec des clients pour révéler les besoins des utilisateurs est une pratique de Design Thinking importante pour explorer les « problèmes pernicieux » dans votre domaine. Ce cycle de vie comporte plusieurs aspects importants.

- **C'est une méthode scientifique simplifiée.** Nous émettons une hypothèse sur ce que souhaitent nos clients, nous développons un ou plusieurs produits viables a minima qui sont déployés pour un sous-ensemble de clients potentiels, puis nous observons et évaluons l'utilisation qu'ils en font. En fonction des données que nous collectons, nous décidons comment poursuivre. Faut-il revoir notre hypothèse, et si oui, pivoter ? Faut-il reprendre un ou plusieurs produits viables a minima afin de procéder à de nouvelles expérimentations fondées sur notre meilleure connaissance des besoins des clients ? Faut-il écarter une ou plusieurs idées ? Faut-il poursuivre une ou plusieurs idées et les « produire » comme de véritables offres aux clients ?
- **Les produits viables a minima sont des investissements dans l'apprentissage.** Nos produits viables a minima ne sont souvent que des maquettes un code du niveau de qualité de celui d'un prototype, dont le seul objectif est de tester une hypothèse. Ce ne sont pas les « vrais produits », et ils ne sont pas destinés à l'être. Ils représentent un élément de l'offre de fonctionnalités ou de services que nous présentons à nos clients potentiels afin de voir leur réaction. Reportez-vous à la figure 6.11 pour voir un aperçu des produits viables a minima et des concepts connexes.
- **La réalisation en parallèle de plusieurs expérimentations.** Ce cycle de vie implique normalement de réaliser plusieurs expérimentations en parallèle afin d'étudier notre hypothèse. Il représente une amélioration par rapport au Lean Startup qui se concentre sur une seule expérimentation à la fois ; la réalisation d'une seule expérimentation à la fois est plus facile, mais demande plus de temps pour parvenir à une idée précise et, pire encore, comporte le risque d'identifier une stratégie avant d'envisager d'autres options.
- **Les échecs d'expérimentation sont toujours des réussites.** Certaines organisations hésitent à expérimenter de peur d'échouer. Ceci est regrettable, car une approche exploratoire réduit nettement le risque d'échec de produit (qui est en général grave, coûteux et délicat). Nous vous conseillons d'accorder le droit à l'erreur (« safe to fail »), afin de reconnaître qu'une expérimentation donnant un résultat négatif reste une réussite, car vous avez appris à moindre coût ce qui ne fonctionne pas. Vous pouvez ainsi recentrer vos recherches et trouver ce qui fonctionne.
- **L'adoption d'un autre cycle de vie pour construire le vrai produit.** Après avoir trouvé une ou plusieurs idées qui pourront avoir du succès sur le marché, il nous faut à présent construire la « vraie solution ». Pour cela, nous devons adopter l'un des autres cycles de vie du DAD.

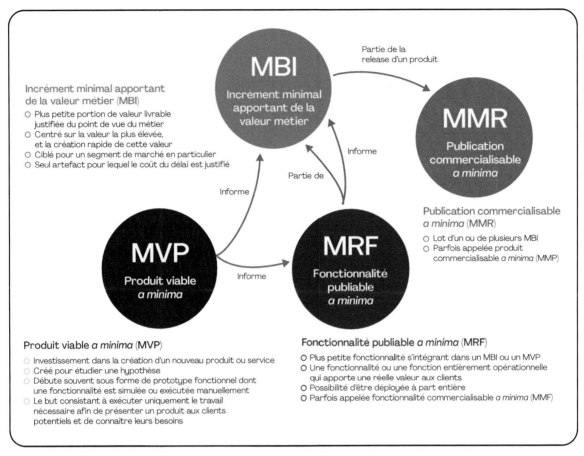

Figure 6.11. Étude de la terminologie relative aux produits viables a minima.

La meilleure façon consiste à l'aborder dans plusieurs versions différentes, ou peut-être plusieurs adaptations différentes.

1. **L'étude d'une nouvelle offre.** Le plus important, du moins pour nous, est d'appliquer ce cycle de vie afin d'explorer une idée de votre organisation concernant un nouveau produit.
2. **L'étude d'une nouvelle fonctionnalité.** À une échelle plus petite, le cycle de vie exploratoire est la technique pour réaliser un test A/B ou comparatif où plusieurs versions d'une nouvelle fonctionnalité sont implémentées et exécutées en parallèle afin d'identifier la plus efficace.

3. **Les démonstrations de faisabilité en parallèle (Parallel proofs of concept, PoC).** Dans le cadre d'une démonstration de faisabilité, vous installez puis évaluez une solution sur étagère (commercial off-the-shelf solution, COTS), dans votre environnement. Une manière efficace de diminuer le risque d'acquisition de logiciel consiste à réaliser plusieurs démonstrations de faisabilité en parallèle, une pour chaque paquetage envisagé. Ensuite, les résultats sont comparés afin de trouver la meilleure option disponible. Cette méthode est souvent appelée « précuisson ».

4. **Les comparaisons de pratiques et techniques.** Certaines organisations, notamment celles dans des environnements très concurrentiels, constituent plusieurs équipes chargées initialement de travailler sur un produit. Chaque équipe intervient durant la phase de démarrage, et peut-être un peu durant la phase de construction. L'objectif est d'identifier une vision du produit et de valider la stratégie architecturale. Dans ce cas, le travail est plus avancé qu'un produit viable a minima, mais moins qu'un incrément minimal apportant de la valeur métier. Ensuite, au bout d'un certain temps, les organisations comparent le travail des équipes et choisissent la meilleure approche. L'« équipe gagnante » devient l'équipe produit.

Cycle de vie du programme du DAD pour une « équipe d'équipes »

Le cycle de vie du programme du DAD, illustré à la figure 6.12, explique comment organiser une équipe d'équipes. Les grandes équipes Agile sont rares dans la réalité, mais elles existent. C'est exactement la situation que traitent les cadres de travail à l'échelle, comme SAFe, LeSS, et Nexus. Ce cycle de vie comporte plusieurs aspects importants.

- **Il existe une phase de démarrage explicite.** Lorsqu'une équipe est nouvelle, nous devons consacrer du temps dès le début à son organisation. Ceci est particulièrement vrai pour les grandes équipes, étant donné que nous affrontons des risques supplémentaires. Il faut agir le plus rapidement possible. La meilleure façon consiste à reconnaître explicitement ce qu'il convient de faire et comment procéder.

- **Les escouades (sous-équipes) choisissent leur WoW, puis le font évoluer.** Les escouades doivent pouvoir choisir leur WoW, à l'instar des autres équipes. Elles choisissent leurs propres cycles de vie et pratiques. Certaines peuvent suivre le cycle de vie Agile, tandis que d'autres opteront pour le cycle de vie Lean du développement et livraison en continu, et ainsi de suite. Nous pouvons imposer certaines contraintes aux équipes, comme se conformer à des orientations et des pratiques communes concernant la coordination au niveau du programme (traitées par l'objectif du processus Coordonner les activités). Comme l'indique la figure 6.13, nous devrons définir ensemble comment exécuter l'intégration du système inter équipes et les tests inter équipes (si nécessaire). Ces options sont comprises dans les objectifs des processus Accélérer la création de valeur et Élaborer une stratégie de tests, respectivement. Là où un cadre de travail tel que SAFe préconise une pratique comme le train Agile de livraison, le DAD propose des choix et vous aide à opter pour la meilleure pratique selon votre situation.

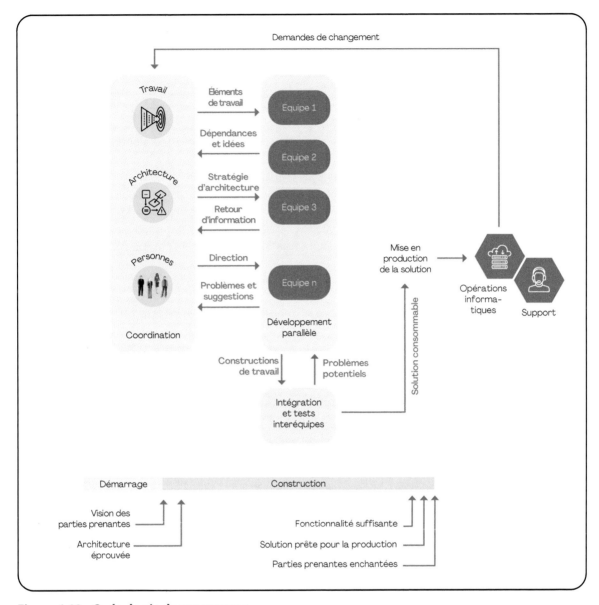

Figure 6.12. Cycle de vie du programme.

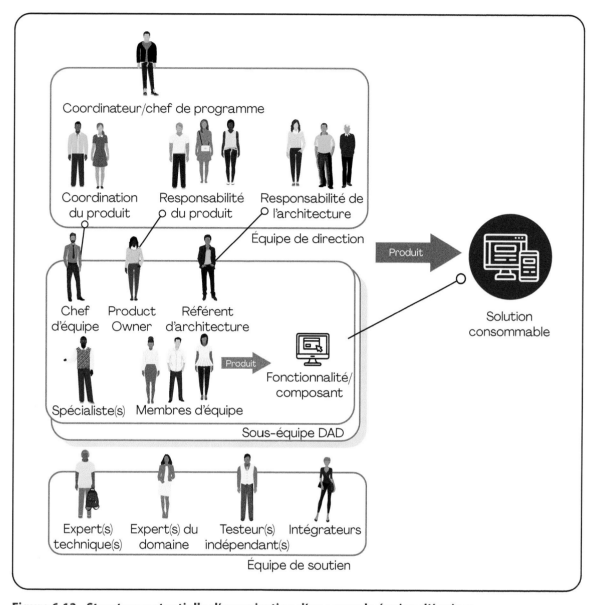

Figure 6.13. **Structure potentielle d'organisation d'une grande équipe d'équipes.**

- **Les escouades peuvent être des équipes orientées fonctionnalités ou composants.**
La communauté Agile a longtemps débattu sur la différence entre les équipes orientées fonctionnalités et celles orientées composants. Une équipe orientée fonctionnalités s'occupe des tranches verticales des fonctionnalités, en implémentant un récit ou en traitant une demande de changement depuis l'interface utilisateur jusqu'à la base de données. Une équipe orientée composants travaille sur un aspect spécifique d'un système, comme la sécurité, le traitement des transactions ou l'enregistrement. Notre expérience nous a appris que ces deux types d'équipe ont leur utilité. Elles conviennent à certains contextes, mais pas à d'autres. De plus, il est possible, et c'est souvent le cas, d'associer les pratiques.
- **Une coordination sur trois niveaux.** Lorsque nous coordonnons des escouades, nous devons tenir compte de trois axes : la coordination du travail à faire, la coordination des aspects techniques ou architecturaux et la coordination sujets relatifs aux ressources humaines. À la figure 6.13, cette coordination est respectivement assurée par les référents fonctionnels (Product Owners), les référents d'architecture et les chefs d'équipe. Les référents fonctionnels (Product Owners) de chaque escouade s'auto-organiseront et traiteront les questions de gestion du travail et des exigences entre eux, en veillant à ce que chaque équipe exécute la bonne tâche au bon moment. De même, l'équipe chargée de l'architecture s'auto-organisera afin de faire évoluer l'architecture au fil du temps, et les chefs d'équipe s'auto-organiseront pour gérer les ressources humaines entre équipes. Les trois escouades de leadership sont capables de gérer les petites corrections de trajectoire typiques dans le temps. L'équipe aura peut-être besoin de se réunir occasionnellement afin de planifier le prochain bloc de travail. Il s'agit d'un événement trimestriel appelé planification de l'incrément de programme (PI) dans SAFe. Nous suggérons d'y avoir recours uniquement si cela est pertinent.
- **L'intégration du système et les tests sont réalisés en parallèle.** La figure 6.12 montre qu'une équipe distincte effectue l'intégration globale du système et les tests inter équipes. Ces tâches doivent être minimes et entièrement automatisées dans le temps. Au début, nous avons souvent besoin d'une équipe distincte, principalement à cause du manque d'automatisation. Notre objectif doit être d'automatiser ces tâches autant que possible et de pousser le reste vers les escouades. Néanmoins, nous avons constaté que les tests d'utilisabilité de la solution dans son ensemble, mais aussi les tests d'acceptation de l'utilisateur, nécessitent un effort distinct pour des raisons logistiques.
- **Des escouades aussi complètes que possible.** La majorité des tests doivent être réalisés par les escouades, tout comme le feraient les équipes Agile ordinaires, de même que l'intégration continue et le déploiement continu.
- **Il est possible de déployer à tout moment.** Nous privilégions une approche du déploiement continu, même si les équipes novices en programmes Agile peuvent commencer par des releases tous les trimestres (ou moins souvent), puis augmenter la cadence avec le temps. Les équipes qui n'ont jamais utilisé cette approche auront probablement besoin d'une phase de transition, appelée parfois « itération de consolidation » ou « itération de déploiement », les premières fois. L'objectif du processus Accélérer la création de valeur contient diverses options de livraison pour les équipes de livraison, tandis que la lame du processus Gestion des livraisons [ReleaseManagement] comprend des options au niveau de l'organisation.

Cette lame regroupe un ensemble cohérent d'options de processus, comme les pratiques et les techniques, à choisir et à appliquer en fonction du contexte. Chaque lame de processus traite une capacité spécifique, comme les finances, la gestion des données, le marketing ou la gestion des fournisseurs. Les lames font l'objet d'une description à l'instar des objectifs de processus avec leurs diagrammes dédiés.

- **L'ajustement d'échelle est difficile.** Certains problèmes doivent être traités par une grande équipe. Pour y parvenir, vous devez savoir ce que vous faites. Si vous avez du mal avec l'agilité en petite équipe, alors vous n'êtes pas prêt pour l'agilité en grande équipe. Par ailleurs, comme nous l'avons vu au chapitre 3, la taille de l'équipe ne représente qu'un des six facteurs d'ajustement d'échelle avec lesquels notre équipe doit composer, les autres facteurs étant la répartition géographique, la complexité du domaine, la complexité technique, la distribution organisationnelle et la conformité règlementaire. Nous abordons ces points plus en détail sur la page PMI.org/disciplined-agile/agility-at-scale (disponible en anglais).

Quand adopter chacun des cycles de vie ?

Chaque équipe doit choisir son propre cycle de vie. Mais comment faire ? Laisser ce choix à votre équipe de management de portefeuille peut être tentant, du moins, pour elle. Dans le meilleur des cas, elle doit avancer une proposition (solide) au moment de lancer un projet. En revanche, le choix du cycle de vie doit revenir à l'équipe si vous voulez qu'elle soit efficace. Ce choix peut être difficile, notamment pour les équipes novices en agilité et Lean. Le DAD propose une aide à la prise de décision sous forme principalement de conseils pour choisir un cycle de vie, notamment le diagramme de flux de la figure 6.14.

Évidemment, cela ne se limite pas à ce diagramme de flux. La figure 6.15 présente les facteurs que nous considérons comme importants, extraits du Situation Context Framework (SCF) [SCF], à prendre en considération lors du choix d'un cycle de vie. Lors du choix d'un cycle de vie de développement et livraison, il convient de garder à l'esprit les facteurs limitatifs suivants.

1. **Compétences de l'équipe.** Pour les deux cycles de vie de développement et livraison en continu, l'équipe doit posséder de nombreuses compétences et faire preuve de rigueur. Les autres cycles de vie du DAD nécessitent également des compétences et de la rigueur, bien que les deux cycles de vie de la livraison continue se démarquent. Du fait que le cycle de vie en série est axé sur le transfert de responsabilité, vous pouvez vous en sortir avec des personnes peu qualifiées, puis dotez chaque phase de spécialistes. Cela dit, nous avons vu de nombreuses équipes traditionnelles comportant des personnes très compétentes.
2. **Culture de l'équipe et de l'organisation.** Les cycles de vie Agile et de développement et livraison en continu exigent de la flexibilité au niveau de l'équipe et des parties de l'organisation avec lesquelles elle interagit. Des pratiques Lean peuvent être appliquées au sein d'organisations ayant une flexibilité variable. Les pratiques des approches en série peuvent être appliquées, et le sont souvent d'ailleurs, dans des situations très strictes.

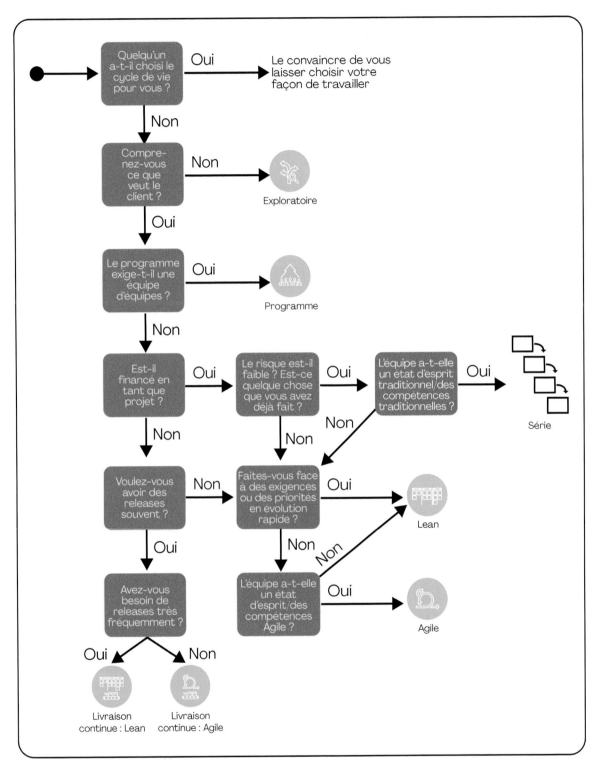

Figure 6.14. Diagramme de flux pour le choix du cycle de vie initial.

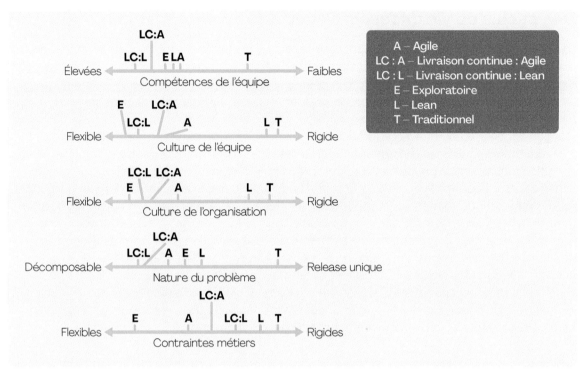

Figure 6.15. Facteurs de choix d'un cycle de vie.

3. **Nature du problème.** Les cycles de vie de développement et livraison en continu fonctionnent très bien lorsque vous pouvez construire et livrer de très petits incréments. Les autres cycles de vie du DAD fonctionnent également très bien par petits incréments. Le cycle de vie sériel est adapté aux grandes releases.

4. **Contraintes métiers.** La disponibilité et la volonté des parties prenantes sont des éléments fondamentaux ici, bien que la flexibilité financière/de financement soit également essentielle. Le cycle de vie exploratoire nécessite un état d'esprit expérimental, orienté client et flexible de la part des parties prenantes. Parce qu'il tend à développer et livrer des fonctionnalités complètes, Agile nécessite également une certaine flexibilité dans nos interactions avec les parties prenantes. Curieusement, les cycles de vie de développement et livraison en continu exigent moins de flexibilité de la part des parties prenantes, étant donné que la fonctionnalité livrée peut être désactivée. Ainsi, il est possible de mieux maîtriser le moment où la fonctionnalité est mise en service (en l'activant tout simplement).

L'objectif du processus Faire évoluer la WoW comprend un point de décision traitant des compromis associés aux six cycles de vie du DAD, mais aussi plusieurs autres qui ne sont pas pris en charge explicitement par le DAD (comme le cycle de vie sériel).

Des cycles de vie différents avec des jalons communs

Dans de nombreuses organisations ayant adopté l'Agilité Maîtrisée avec notre aide, les dirigeants, mais aussi souvent les cadres intermédiaires, sont au départ très peu disposés à laisser leurs équipes de développement choisir leur WoW. Influencés par un état d'esprit traditionnel, ils estiment que les équipes doivent suivre le même « processus reproductible » afin de pouvoir les superviser et les piloter. Cet état d'esprit repose sur deux grandes idées fausses. Tout d'abord, il est possible d'avoir une gouvernance commune aux équipes sans appliquer de processus commun. L'adoption de jalons communs fondés sur les risques (et non sur les artefacts) dans les cycles de vie représente une condition fondamentale pour y parvenir. C'est précisément l'objectif du DAD. D'ailleurs, ces jalons communs sont illustrés à la figure 6.16. Ensuite, les résultats reproductibles sont bien plus importants que les processus reproductibles. Nos parties prenantes ont des attentes envers nous. Nous devons donc dépenser leur investissement informatique de manière judicieuse, Produire des solutions qui répondent à leurs besoins et les faire évoluer. Ensuite, ces solutions doivent être disponibles rapidement, Et nous devons proposer des solutions qui leur permettent d'être compétitives sur le marché. Nos parties prenantes souhaitent obtenir ces résultats de manière répétée. Elles ne se soucient pas vraiment des démarches à suivre pour y parvenir. Si vous souhaitez en savoir plus sur les pratiques de gouvernance efficaces pour des équipes Agile ou Lean, reportez-vous à l'objectif du processus Établir la gouvernance de l'équipe de développement.

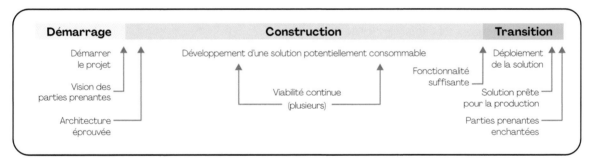

Figure 6.16. Jalons communs des cycles de vie.

Examinons plus en détail les jalons fondés sur les risques du DAD.

1. **Vision des parties prenantes.** La phase de démarrage a pour but d'obtenir l'accord des parties prenantes concernant la pertinence de l'initiative et le passage à la phase de construction en un laps de temps court, mais suffisant, compris typiquement entre quelques jours et quelques semaines. Avec la réalisation des objectifs de démarrage du DAD, l'équipe de développement collectera des informations de projets traditionnels sur le périmètre, la technologie, l'échéancier, le budget, les risques *initiaux,* ainsi que d'autres renseignements, de la façon la plus simple. Ces informations sont regroupées et présentées aux parties prenantes comme l'énoncé de la vision, tel que décrit par l'objectif du processus Développer une vision commune. Le format de la vision et le caractère officiel de la revue dépendront de votre situation. En général, quelques planches sont passées en revue avec les parties prenantes à la fin de la phase de démarrage afin de s'assurer que tout le monde comprend bien l'objectif du projet et l'approche de développement.

2. **Architecture éprouvée.** Une bonne discipline d'ingénierie passe par l'atténuation précoce des risques. Pour cela, plusieurs pratiques vous sont présentées par l'objectif du processus Démontrer l'architecture tôt. La plus efficace consiste à créer un squelette de bout en bout du code fonctionnel afin d'implémenter les exigences métiers risquées sur le plan technique. L'une des principales responsabilités du rôle de référent d'architecture du DAD est d'identifier les risques durant la phase de démarrage. Ces risques devraient être réduits ou éliminés avec l'implantation des fonctionnalités concernées sur une période comprise entre une et trois itérations lors de la phase de construction. À la suite de l'application de cette approche, des revues des itérations et des monstrations précoces montrent souvent la capacité de la solution à tenir compte des exigences non fonctionnelles en plus, ou au lieu, des exigences fonctionnelles. C'est pourquoi il est important de donner la possibilité aux parties prenantes versées dans l'architecture de participer à ces revues des jalons.

Une gouvernance et des phases explicites qui rendent l'agilité plus acceptable pour la direction

Daniel Gagnon a joué un rôle de premier plan dans la livraison et la pratique Agile pendant près d'une décennie au sein de deux des plus grandes institutions financières du Canada. Il avait déclaré ce qui suit à propos du recours à l'Agilité Maîtrisée comme boîte à outils incontournable. « Dans les deux grandes institutions financières où j'ai travaillé, je me suis efforcé de démontrer les avantages pragmatiques de l'Agilité Maîtrisée en tant qu'approche "suprême". L'adaptation des processus au sein de grandes organisations complexes révèle clairement la nécessité d'un plus grand nombre d'implantations spécifiques au contexte de quatre (et non cinq) cycles de vie. L'Agilité Maîtrisée propose un éventail de possibilités comme aucun autre cadre de travail. Néanmoins, c'est pour nous une "liberté structurée" étant donné que tous les choix continuent d'être régis par l'application des phases de démarrage, de construction et de transition de l'Agilité Maîtrisée avec des jalons allégés fondés sur les risques. Les bureaux des projets (PMO) connaissent bien ces phases, ce qui signifie que nous n'attaquons pas de front leur position fortifiée, mais introduisons plutôt un changement de gouvernance de manière Lean, itérative et incrémentale. »

3. **Viabilité continue.** Votre échéancier des livraisons peut inclure un jalon optionnel lié à la viabilité du projet. À certains moments du projet, les parties prenantes peuvent demander à faire le point afin de s'assurer que l'équipe respecte la vision convenue à la fin de la phase de démarrage. Grâce à la planification de ces jalons, les parties prenantes sont informées des principales dates de réunion avec l'équipe pour évaluer l'état d'avancement du projet et convenir de changements, si nécessaire. Ces modifications peuvent porter sur les niveaux de financement, la composition de l'équipe, le périmètre, l'évaluation des risques, voire même l'annulation potentielle du projet. Un projet à longue échéance peut comporter plusieurs de ces jalons. Néanmoins, au lieu de passer en revue ces jalons, la véritable solution consiste à les mettre plus souvent en production. L'utilisation réelle, ou au contraire l'absence d'utilisation, donnera une indication claire de la viabilité de la solution.

4. **Fonctionnalités suffisantes.** L'objectif de produire une solution consommable (ce que Scrum appelle un incrément potentiellement livrable) à la fin de chaque itération est intéressant. Néanmoins, plusieurs itérations de construction sont souvent nécessaires à l'équipe pour pouvoir déployer suffisamment de fonctionnalités. L'expression produit viable a minima (MVP) n'est pas correcte d'un point de vue technique, car un MVP a généralement pour but de tester la viabilité d'un produit et non de donner une indication d'une fonctionnalité minimale déployable. Pour faire référence à ce jalon, il serait plus approprié d'utiliser l'expression « ensemble de fonctionnalités minimales » ou « incrément minimal apportant de la valeur métier » (MBI), comme illustré à la figure 6.11. Le MBI est la plus petite amélioration viable d'un produit/service existant qui crée de la valeur pour un client. Il comprend une ou plusieurs fonctionnalités commercialisables a minima (MMF), chacune d'entre elles apportant un résultat positif aux utilisateurs finaux de notre solution. Il peut être nécessaire d'intégrer un résultat à l'aide de plusieurs récits utilisateurs. Par exemple, la recherche d'un article sur un site d'e-commerce n'ajoute aucune valeur pour l'utilisateur final s'il ne peut pas ajouter les articles trouvés à son panier. Le jalon des fonctionnalités suffisantes du DAD est atteint à la fin de la phase de construction lorsqu'un MBI est disponible et que le coût de transition de la livraison aux parties prenantes est justifié. Par exemple, si un incrément d'une solution consommable est disponible à chaque itération de deux semaines, plusieurs semaines seront nécessaires avant de pouvoir la déployer dans un environnement conforme. Par conséquent, le coût du déploiement n'est pas justifié tant que plusieurs autres fonctionnalités ne sont pas terminées.

5. **Solution prête pour la production.** Lorsqu'un nombre suffisant de fonctionnalités a été développé et testé, les activités de transition, comme la conversion des données, le dernier test d'acceptation, la production et les documents d'appui, doivent normalement être menées à terme. Normalement, la plupart des tâches ont été exécutées en continu durant la phase de construction, dans le cadre de chaque incrément de fonctionnalité. À un moment donné, il convient de décider que la solution est prête pour la production, tel est l'objet de ce jalon.

MVP ou MBI ?

Voici un conseil de Daniel Gagnon : pensez au produit viable a minima (MVP) comme une mesure prise par l'organisation pour des raisons **égoïstes**. L'objectif est d'apprendre et non de livrer au client une vraie solution (ou qui fonctionne à peine, parfois). Au contraire, un incrément minimal apportant de la valeur métier (MBI) est **altruiste**. L'objectif est de répondre aux besoins des clients.

Les deux cycles de vie basés sur le projet incluent une phase de transition où le jalon Solution prête pour la production est généralement intégré en tant que revue. Les deux cycles de vie de développement et livraison en continu ont une activité de transition et livraison entièrement automatisée où ce jalon est traité par programme. En général, la solution doit réussir des tests de non régression automatisés, et les outils automatisés d'analyse de code doivent déterminer si la solution est de qualité suffisante.

6. **Parties prenantes ravies.** De toute évidence, les instances dirigeantes et les autres parties prenantes souhaitent savoir quand l'initiative est officiellement terminée afin de pouvoir lancer une autre initiative ou d'allouer les fonds ailleurs. L'initiative ne prend pas fin avec le déploiement. Souvent avec les projets, la solution est considérée comme achevée après l'exécution d'activités de clôture, comme la formation, l'ajustement du déploiement, les transferts de soutien et les revues post-implémentation, voire après des périodes de garantie. L'un des principes de l'Agilité Maîtrisée est de ravir les clients. Ainsi, satisfaire les clients ne suffit pas. Pour vérifier si nous sommes parvenus à ravir nos parties prenantes, nous devons collecter et analyser des métriques appropriées, parfois appelées « réalisation des bénéfices ».

Les cycles de vie ne sont que des points de départ

Souvent, les équipes DAD évoluent d'un cycle de vie vers un autre. Ceci s'explique par le fait qu'elles s'efforcent constamment d'optimiser le flux et d'améliorer leur WoW à mesure qu'elles gagnent en expérience et tirent des enseignements de leurs expérimentations ciblées. La figure 6.17 présente les évolutions courantes des équipes que nous avons observées. Les durées indiquées à la figure 6.17 s'appuient sur nos observations lorsque les équipes sont soutenues par une formation Disciplined Agile® (DA ou Agilité Maîtrisée) et un Disciplined Agile Coach (DAC)™. Dans le cas contraire, comptez des durées plus longues et un coût total très probablement supérieur, en moyenne. Lorsque vous aidez une équipe traditionnelle à opter pour une WoW plus efficace, une approche courante consiste à commencer par le cycle de vie Agile. Il s'agit d'une approche « de survie » qui s'avère être très efficace, mais peut se révéler difficile pour les cultures qui résistent au changement. Une alternative illustrée dans ce diagramme débute par une approche Lean Kanban [Anderson] où les équipes traditionnelles démarrent avec leur WoW existant et le font évoluer au fil du temps par le biais de petits changements vers le cycle de vie Lean. Bien que cette approche soit moins perturbatrice, les améliorations sont bien plus lentes, car les équipes continuent souvent de travailler en vase clos avec un tableau Kanban dont les colonnes contiennent des spécialités traditionnelles.

L'évolution du cycle de vie est une bonne chose

Nous pensons que Scrum est un excellent cadre de travail. D'ailleurs, il est au centre de nos deux cycles de vie Agile. Néanmoins, nous avons constaté que la communauté Agile s'oppose de plus en plus à ses aspects prescriptifs. Comme nous l'avons décrit dans notre livre intitulé *Introduction to Disciplined Agile Delivery*, nous voyons régulièrement des équipes Agile ou Scrum expérimentées supprimer les processus inutiles dans Scrum, comme les réunions quotidiennes, la planification, l'estimation et les rétrospectives, lorsqu'elles passent au Lean. La communauté Scrum dénonce rapidement ce comportement qui consiste à adopter Scrum, mais pas en totalité. Néanmoins, nous considérons cela comme une évolution naturelle alors que les équipes remplacent les activités inutiles par la création de valeur ajoutée. La nature de ces équipes qui collaborent toute la journée, au quotidien, fait qu'elles n'ont pas besoin d'organiser ces cérémonies à une cadence différée, préférant le faire si nécessaire et juste à temps. Nous considérons cette tendance comme une bonne chose.

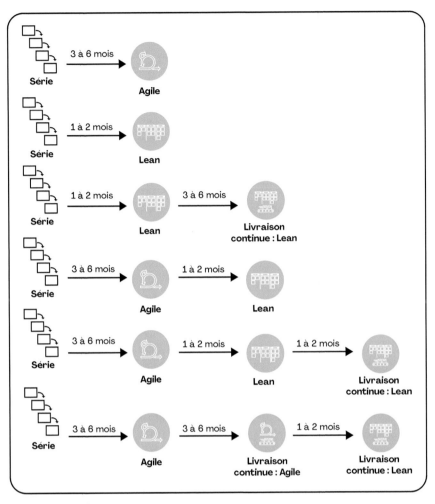

Figure 6.17.   Évolutions courantes des cycles de vie.

La figure 6.17 ne montre pas où pourrait se situer le cycle de vie du programme ou exploratoire. Tout d'abord, elle s'applique d'une certaine façon au cycle de vie du programme. Vous pouvez suivre une approche de programme Agile (similaire aux cadres de travail à l'échelle tels que Nexus, SAFe, et LeSS), dans le cadre de laquelle le programme développe et livre de grands incréments à une cadence régulière (trimestrielle, par exemple). Vous pouvez également suivre une approche de programme Lean, selon laquelle les sous-équipes mettent en production des fonctionnalités, qui sont activées au niveau du programme lorsque c'est justifié. Ensuite, le diagramme se concentre sur les cycles de vie de développement et livraison complète, une catégorie dont le cycle de vie exploratoire ne fait pas partie. En général, il sert à tester une hypothèse concernant une offre potentielle pour le marché. Lorsque l'idée est suffisamment étoffée et que le produit semble connaître du succès, l'équipe passe à l'un des cycles de vie de développement et livraison de la figure 6.17. Ainsi, il remplace une grande partie des efforts de l'équipe lors de la phase de démarrage. Autre scénario courant : une équipe est en cours de développement et se rend compte qu'elle a une nouvelle idée d'une fonctionnalité importante à mieux explorer avant de s'investir davantage dans le développement. Par conséquent, l'équipe passe au cycle de vie exploratoire le temps d'étoffer l'idée de la fonctionnalité ou de réfuter sa viabilité sur le marché.

Récapitulatif

Dans ce chapitre, nous avons étudié plusieurs concepts clés :

- Certaines équipes de votre organisation suivront un cycle de vie sériel. Le DAD reconnaît explicitement cela, mais ne soutient pas cette catégorie limitée de travail.
- Le DAD vous aide à choisir entre six cycles de vie de développement de solution, et à les faire évoluer, à partir de pratiques Agile ou Lean.
- Les cycles de vie basés sur le projet, mais aussi les cycles de vie Agile et Lean, comportent des phases.
- Chaque cycle de vie a ses avantages et ses inconvénients. Les équipes doivent choisir celui qui correspond le mieux à leur contexte.
- Les jalons communs fondés sur les risques assurent une gouvernance pertinente. Il est inutile d'imposer la même démarche de développement à toutes vos équipes pour être capable de les piloter.
- Une équipe commencera par un cycle de vie donné et le fera souvent évoluer à mesure qu'elle améliore constamment sa WoW.

Chapitre 7

Réussir grâce à la rigueur

Certaines personnes estiment que le Développement Agile Maîtrisé (« Disciplined Agile Delivery » ou DAD) est « compliqué », car le but est de vous aider à choisir une façon de faire (« Way of Working » ou WoW) au lieu de simplement vous donner quelques « meilleures pratiques » à suivre. C'est bien dommage. En vérité, le développement optimal de solutions informatiques n'a jamais été simple et ne le sera jamais. La boîte à outils de l'Agilité Maîtrisée (« Disciplined Agile » ou DA) reflète la complexité inhérente à laquelle font face les professionnels dans des contextes d'entreprise, et vous donne les outils pour ne pas vous faire submerger.

Si vous êtes Agile, vous utilisez déjà l'Agilité Maîtrisée

Prenons Scrum, par exemple. Il s'agit d'un sous-ensemble de deux cycles de vie de DAD. Par conséquent, si vous utilisez Scrum, vous utilisez une forme de DAD. Néanmoins, si vous vous limitez à Scrum, vous ne connaîtrez sans doute pas certains aspects à envisager, ou n'utiliserez pas certaines pratiques supplémentaires pour vous aider à être plus efficace. Si vous rencontrez des difficultés pour être plus agile, cela peut s'expliquer par le fait que vous n'avez pas connaissance des bonnes pratiques ou techniques ou que vous recevez les conseils d'un mentor Agile inexpérimenté, mal informé ou puriste.

L'Agilité Maîtrisée, c'est l'agilité pour l'entreprise

Malheureusement, de nombreux « leaders d'opinion » dans notre secteur pensent que leur façon est la seule valable, souvent parce qu'ils n'en connaissent pas d'autres. L'Agilité Maîtrisée repose sur des observations empiriques d'un large éventail de secteurs, d'organisations et de tous types d'initiatives, basées sur le projet ou le produit, de grande ou de petite envergure. Cette boîte à outils est utile, car l'Agilité Maîtrisée est flexible et adaptable. L'Agilité Maîtrisée *a du sens*, car elle privilégie :

1. des approches pragmatiques et agnostiques *plutôt* que puristes ;
2. des décisions adaptées au contexte *plutôt* que des approches universelles ;
3. le choix des pratiques et techniques adaptées *plutôt* que des approches prescriptives.

Si vous privilégiez Scrum au sein de vos activités, vous passez très certainement à côté de grandes opportunités d'optimiser votre façon de faire. En réalité, Scrum est un cycle de vie vraiment inadapté à de nombreuses situations. C'est pourquoi votre organisation demande à ses équipes d'adopter une approche Lean/Kanban ou une approche autre que Scrum, même au moment où vous lisez ces lignes. Si vous vous appuyez uniquement sur Scrum ou sur un cadre de travail d'ajustement d'échelle basé sur Scrum, comme SAFe, Nexus ou LeSS, nous vous recommandons d'enrichir votre expérience avec l'Agilité Maîtrisée qui vous proposera des approches et des pratiques mieux adaptées.

Apprenez plus vite pour réussir plus tôt

En agilité, on entend souvent l'expression « apprendre rapidement de ses erreurs ». En d'autres termes, plus vite vous échouez et tirez des enseignements, plus vite vous obtenez ce qu'il vous faut. Notre expérience nous a montré qu'avec des stratégies contextuelles éprouvées, nous échouons moins et réussissons plus tôt. Nous prenons constamment des décisions dans notre travail quotidien. C'est pourquoi nous qualifions l'Agilité Maîtrisée de boîte à outils des décisions liées aux processus. Sans l'aide de cette boîte à outils dans la prise de décision, nous oublions parfois des éléments à prendre en considération, ou nous prenons de mauvaises décisions sur les techniques à expérimenter en vue d'améliorer notre WoW. L'Agilité Maîtrisée met en lumière des points de décision à examiner afin de rendre explicite l'implicite. Par exemple, lorsque nous lançons une initiative à la phase de démarrage et nous nous reportons au diagramme de l'objectif Élaborer une stratégie de tests, c'est comme si nous avions un mentor qui nous demande : « Comment allons-nous tester cela ? », « De quels environnements avons-nous besoin ? », « Où allons-nous trouver des données ? », « Quels outils sont nécessaires ? », « Qu'est-ce qui est automatisé ou manuel ? » et « Faut-il tester avant ou après ? ». En mettant en lumière ces décisions importantes en vue d'un examen explicite de la part de votre équipe, nous diminuons le risque d'oubli, et augmentons vos chances de choisir une stratégie adaptée à votre situation. C'est ce que nous appelons être guidé par l'amélioration continue.

Utilisez le navigateur Agilité Maîtrisée

Nous avons publié les diagrammes d'atteinte des objectifs à l'adresse PMI.org/disciplined-agile/process/introduction-to-dad/process-goals (en anglais) afin que vous puissiez vous y reporter. Si vous souhaitez avoir plus de précisions sur les diagrammes d'atteinte des objectifs, vous les trouverez en ligne à l'adresse PMI.org/disciplined-agile/da-browser (en anglais). Nous faisons régulièrement référence aux diagrammes d'atteinte des objectifs lors de notre coaching afin d'expliquer pourquoi certaines pratiques sont moins efficaces que d'autres dans certaines situations et de présenter les possibilités à envisager. Apportez votre appareil préféré lors de vos rétrospectives. Si votre équipe a du mal à atteindre un objectif de processus, examiner les options et les outils que vous pouvez expérimenter pour remédier à la situation. Si vous êtes coach, l'Agilité Maîtrisée devrait vous permettre d'aider plus efficacement les équipes à comprendre les choix et les compromis à leur disposition.

Visez la certification pour assimiler vos nouvelles connaissances

Nous sommes certains que ce livre vous a permis d'apprendre de nouvelles techniques qui feront de vous un meilleur professionnel Agile et augmenteront les chances de réussite de vos initiatives. Il est important de ne pas les oublier. À cette fin, nous vous encourageons à solidifier ces nouvelles connaissances en étudiant le contenu de cet ouvrage pour vous préparer et passer les tests de certification. Ces tests sont difficiles. Toutefois, une fois réussis, vous obtiendrez une certification utile et crédible qui méritera de figurer sur votre profil LinkedIn. D'après les entreprises avec lesquelles nous avons collaboré, les équipes ayant investi dans l'apprentissage et la certification prennent de meilleures décisions et sont plus efficaces par rapport à celles qui ne comprennent pas les options et compromis s'offrant à elles. De meilleures décisions mènent à de meilleurs résultats.

Investissez dans l'apprentissage du contenu de cet ouvrage et prouvez-le en obtenant la certification. Vous deviendrez un meilleur agiliste, et vos collègues le remarqueront. Pour en savoir plus sur le parcours de certification Agile de PMI®, rendez-vous à l'adresse PMI.org/certifications/agile-certifications.

Impliquez-vous

Nous vous suggérons également de participer à la communauté de l'Agilité Maîtrisée. De nouvelles idées et pratiques émergent de la communauté et sont constamment intégrées à l'Agilité Maîtrisée. Apprenons les uns des autres afin de maîtriser notre métier.

Références

[AgileDocumentation] *Agile/Lean Documentation: Strategies for Agile Software Development*. AgileModeling.com/essays/agileDocumentation.htm

[AgileModeling] Agile Modeling Home Page. AgileModeling.com

[AmblerLines2012] *Disciplined Agile Delivery: A Practitioner's Guide to Agile Software Delivery in the Enterprise*. Scott Ambler & Mark Lines, 2012, IBM Press.

[AmblerLines2017] *An Executive's Guide to Disciplined Agile: Winning the Race to Business Agility*. Scott Ambler & Mark Lines, 2017, Disciplined Agile Consortium.

[Anderson] *Kanban: Successful Evolutionary Change for Your Technology Business*. David J. Anderson, 2010, Blue Hole Press.

[Beck] *Extreme Programming Explained: Embrace Change (2nd Edition)*. Kent Beck & Cynthia Andres, 2004, Addison-Wesley Publishing.

[Brooks] *The Mythical Man-Month, 25th Anniversary Edition*. Frederick P. Brooks Jr., 1995, Addison-Wesley.

[CMMI] *The Disciplined Agile Framework: A Pragmatic Approach to Agile Maturity*. DisciplinedAgileConsortium.org/resources/Whitepapers/DA-CMMI-Crosstalk-201607.pdf

[CockburnHeart] Heart of Agile Home Page. HeartOfAgile.com

[CoE] Centers of Excellence (CoE). PMI.org/disciplined-agile/people/centers-of-excellence

[ContinuousImprovement] Continuous Improvement. PMI.org/disciplined-agile/process/continuous-improvement

[CoP] Communities of Practice (CoPs). PMI.org/disciplined-agile/people/communities-of-practice

[Coram] *Boyd: The Fighter Pilot Who Changed the Art of War*. Robert Coram, 2004, Back Bay Books.

[Cynefin] *A Leader's Framework for Decision Making*. David J. Snowden & Mary E. Boone, *Harvard Business Review*, novembre 2007. hbr.org/2007/11/a-leaders-framework-for-decision-making

[DABrowser] The Disciplined Agile Browser. PMI.org/disciplined-agile/da-browser

[DADRoles] Roles on DAD Teams. PMI.org/disciplined-agile/people/roles-on-dad-teams

[DAHome] Disciplined Agile Home Page. PMI.org/disciplined-agile

[DALayers] Layers of the Disciplined Agile Tool Kit. PMI.org/disciplined-agile/ip-architecture/layers-of-the-disciplined-agile-tool-kit

[Deming] *The New Economics for Industry, Government, Education*. W. Edwards Deming, 2002, MIT Press.

[Denning] *The Agile of Agile: How Smart Companies Are Transforming the Way Work Gets Done.* Stephen Denning, 2018, AMACON.

[Doer] *Measure What Matters: How Google, Bono, and the Gates Foundation Rock the World with OKRs.* John Doer, 2018, Penguin Publishing Group.

[DSDM] *Dynamic Systems Development Method (DSDM).* Jennifer Stapleton, 1997, Addison-Wesley Professional.

[ExecutableSpecs] *Specification by Example: How Successful Teams Deliver the Right Software.* Gojko Adzic, 2011, Manning Press.

[Fowler] *The State of Agile Software in 2018.* Martin Fowler, MartinFowler.com/articles/agile-aus-2018.html

[Gagnon] *A Retrospective on Years of Process Tailoring Workshops.* Daniel Gagnon, 2018, ProjectManagement.com/blog-post/61957/A-retrospective-on-years-of-process-tailoring-workshops

[GenSpec] *Generalizing Specialists: Improving Your IT Career Skills.* AgileModeling.com/essays/generalizingSpecialists.htm

[Goals] Process Goals. PMI.org/disciplined-agile/process-goals

[Goldratt] *The Goal: A Process of Ongoing Improvement—3rd Revised Edition.* Eli Goldratt, 2004, North River Press.

[Google] *Five Keys to a Successful Google Team.* Julia Rozovsky, n.d., https://rework.withgoogle.com/blog/five-keys-to-a-successful-google-team/

[GQM] *The Goal Question Metric Approach.* Victor R. Basili, Gianluigi Caldiera, & H. Dieter Rombach,1994, http://www.cs.toronto.edu/~sme/CSC444F/handouts/GQM-paper.pdf

[Highsmith] *Agile Software Development Ecosystems.* Jim Highsmith, 2002, Addison-Wesley.

[Host] The Host Leadership Community. HostLeadership.com

[HumbleFarley] *Continuous Delivery: Reliable Software Releases through Build, Test, and Deployment Automation.* Jez Humble & David Farley, 2010, Addison-Wesley Professional.

[Kim]. *DevOps Cookbook.* RealGeneKim.me/devops-cookbook/

[Kerievsky] *Modern Agile.* ModernAgile.org/

[Kersten] *Project to Product: How to Survive and Thrive in the Age of Digital Disruption With the Flow Framework.* Mik Kersten, 2018, IT Revolution Press.

[Kerth] *Project Retrospectives: A Handbook for Team Reviews.* Norm Kerth, 2001, Dorset House.

[Kotter] *Accelerate: Building Strategic Agility for a Faster Moving World.* John P. Kotter, 2014, Harvard Business Review Press.

[Kruchten] *The Rational Unified Process: An Introduction 3rd Edition*. Philippe Kruchten, 2003, Addison-Wesley Professional.

[LeanChange1] *The Lean Change Method: Managing Agile Organizational Transformation Using Kanban, Kotter, and Lean Startup Thinking*. Jeff Anderson, 2013, Createspace.

[LeanChange2] Lean Change Management Home Page. LeanChange.org

[LeSS] *The LeSS Framework*. LeSS.works.

[LifeCycles] Full Agile Delivery Life Cycles. PMI.org/disciplined-agile/lifecycle

[Liker] *The Toyota Way: 14 Management Principles from the World's Greatest Manufacturer*. Jeffery K. Liker, 2004, McGraw-Hill.

[LinesAmbler2018] *Introduction to Disciplined Agile Delivery 2nd Edition: A Small Agile Team's Journey from Scrum to Disciplined DevOps*. Mark Lines & Scott Ambler, 2018, Project Management Institute.

[Manifesto] *The Agile Manifesto*. AgileManifesto.org

[MCSF] *Team of Teams: New Rules of Engagement for a Complex World*. S. McChrystal, T. Collins, D. Silverman, & C. Fussel, 2015, Portfolio.

[Meadows] *Thinking in Systems: A Primer*. Daniella H. Meadows, 2015, Chelsea Green Publishing.

[Nonaka] *Toward Middle-Up-Down Management: Accelerating Information Creation*. Ikujiro Nonaka, 1988, https://sloanreview.mit.edu/article/toward-middleupdown-management-accelerating-information-creation/

[Nexus] *The Nexus Guide*. Scrum.org/resources/nexus-guide

[Pink] *Drive: The Surprising Truth About What Motivates Us*. Daniel H. Pink, 2011, Riverhead Books.

[Poppendieck] *The Lean Mindset: Ask the Right Questions*. Mary Poppendieck & Tom Poppendieck, 2013, Addison-Wesley Professional.

[Powers] *Powers' Definition of the Agile Mindset*. AdventuresWithAgile.com/consultancy/powers-definition-agile-mind-set/

[Prison] Tear Down the Method Prisons! Set Free the Practices! I. Jacobson & R. Stimson, *ACM Queue*, janvier/février 2019.

[Reifer] *Quantitative Analysis of Agile Methods Study (2017): Twelve Major Findings*. Donald J. Reifer, 2017, InfoQ.com/articles/reifer-agile-study-2017

[Reinertsen] *The Principles of Product Development Flow: Second Generation Lean Product Development*. Donald G. Reinertsen, 2012, Celeritis Publishing.

[ReleaseManagement] Release Management. PMI.org/disciplined-agile/process/release-management

[Ries] *The Lean Startup: How Today's Entrepreneurs Use Continuous Innovation to Create Radically Successful Businesses*. Eric Ries, 2011, Crown Business.

[RightsResponsibilities] Team Member Rights and Responsibilities. PMI.org/disciplined-agile/people/rights-and-responsibilities

[Rubin] *Essential Scrum: A Practical Guide to the Most Popular Process*. Ken Rubin, 2012, Addison-Wesley Professional.

[SAFe] *SAFe 4.5 Distilled: Applying the Scaled Agile Framework for Lean Enterprises (2nd Edition)*. Richard Knaster & Dean Leffingwell, 2018, Addison-Wesley Professional.

[SCF] *Scaling Agile: The Situation Context Framework*. PMI.org/disciplined-agile/agility-at-scale/tactical-agility-at-scale/scaling-factors

[SchwaberBeedle] *Agile Software Development With SCRUM*. Ken Schwaber & Mike Beedle, 2001, Pearson.

[Schwartz] *The Art of Business Value*. Mark Schwartz, 2016, IT Revolution Press.

[ScrumGuide] *The Scrum Guide*. Jeff Sutherland & Ken Schwaber, 2018, Scrum.org/resources/scrum-guide

[SenseRespond] *Sense & Respond: How Successful Organizations Listen to Customers and Create New Products Continuously*. Jeff Gothelf & Josh Seiden, 2017, Harvard Business Review Press.

[Sheridan] *Joy, Inc.: How We Built a Workplace People Love*. Richard Sheridan, 2014, Portfolio Publishing.

[SoftDev18] *2018 Software Development Survey Results*. Ambysoft.com/surveys/softwareDevelopment2018.html

[Sutherland] *Scrum: The Art of Doing Twice the Work in Half the Time*. Jeff Sutherland & J. J. Sutherland, 2014, Currency.

[Tailoring] Process Tailoring Workshops. PMI.org/disciplined-agile/process/process-tailoring-workshops

[TDD] *Introduction to Test-Driven Development (TDD)*. Scott Ambler, 2004, AgileData.org/essays/tdd.html

[WomackJones] *Lean Thinking: Banish Waste and Create Wealth in Your Corporation*. James P. Womack & Daniel T. Jones, 1996, Simon & Schuster.

[WickedProblemSolving] Wicked Problem Solving. PMI.org/wicked-problem-solving

Acronymes et abréviations

AIC	agile industrial complex / complexe agile-industriel
AINO	agile in name only / Agile – en apparence seulement
AO	architecture owner / référent d'architecture
ATDD	acceptance test-driven development / développement orienté par les tests d'acceptation
BA	business analyst / analyste métier
BDD	behavior-driven development / développement orienté par le comportement
CAS	complex adaptive system / système complexe adaptatif
CCB	change control board / comité de maîtrise des changements
CD	continuous deployment / déploiement continu
CI	continuous integration / intégration continue continuous improvement / amélioration continue
CMMI	Capability Maturity Model Integration / Capability Maturity Model Integration
CoE	center of excellence / centre d'excellence center of expertise / centre d'expertise
CoP	community of practice / communauté de pratique
COTS	commercial off the shelf / produit informatique standard
DA	Disciplined Agile / Agilité Maîtrisée
DAE	Disciplined Agile Enterprise / Agilité Maîtrisée pour l'Entreprise
DBA	database administrator / administrateur de base de données
DevOps	Development-Operations / Développement-Opérations
DoD	definition of done / définition d'« accompli »
DoR	definition of ready / définition de « prêt »
EA	enterprise architect / architecte d'entreprise enterprise architecture / architecture d'entreprise
FT	functional testing / test fonctionnel
GCI	guided continuous improvement / être guidé par l'amélioration continue
GQM	goal question metric / approche par les buts
ISO	International Organization for Standardization / Organisation internationale de normalisation
IT	information technology / technologie de l'information
ITIL	Information Technology Infrastructure Library / Information Technology Infrastructure Library
JIT	just in time / « juste à temps »
KPI	key performance indicator / indicateurs clés de performance
LeSS	Large Scale Scrum / Large-Scale Scrum
MBI	minimum business increment / incrément minimal apportant de la valeur métier
MMF	minimum marketable feature / fonctionnalité commercialisable *a minima*
MMP	minimum marketable product / produit commercialisable *a minima*
MMR	minimum marketable release / publication commercialisable *a minima*
MVC	minimal viable change / changement viable *a minima*
MVP	minimum viable product / produit viable *a minima*
OKR	objectives and key results / objectifs et résultats clés
OODA	observe-orient-decide-act / Observer-Orienter-Décider-Agir
PDCA	plan-do-check-act / Planifier-Dérouler-Contrôler-Agir
PDSA	plan-do-study-act / Planifier-Dérouler-Étudier-Agir
PI	program increment / incrément de programme
PM	project manager / chef de projet

PMI	Project Management Institute / Project Management Institute
PMO	project management office / bureau des projets
PO	product owner / référent fonctionnel
PoC	proof of concept / démonstration de faisabilité
ROI	return on investment / retour sur investissement
RUP	Rational Unified Process / processus unifié rationnel
SAFe°	Scaled Agile Framework / Scaled Agile Framework
SCF	Situation Context Framework / Situation Context Framework
SDLC	system delivery life cycle / cycle de vie de livraison de système
	software delivery life cycle / cycle de vie de livraison de logiciel
	solution delivery life cycle / cycle de vie de livraison de solution
SLA	service-level agreement / accord de niveau de service
SME	subject matter expert / expert
TDD	test-driven development / développement piloté par les tests
ToC	theory of constraints / théorie des contraintes
UAT	user acceptance test(ing) / test(s) d'acceptation de l'utilisateur
IU	user interface / interface utilisateur
UP	unified process / processus unifié
WIP	work in process / travail en cours
XP	eXtreme Programming / eXtreme Programming

Index

À propos des auteurs

Scott W. Ambler est le vice-président et le directeur scientifique de l'Agilité Maîtrisée
(« Disciplined Agile » ou DA) au Project Management Institute où il dirige l'évolution de la boîte à
outils DA. M. Ambler est le cocréateur, avec Mark Lines, de la boîte à outils DA et le fondateur des
méthodes de la *modélisation Agile (« Agile Modeling » ou AM)*, des *données Agile (« Agile Data » ou
AD)* et du *processus unifié d'entreprise (« Enterprise Unified Process » ou EUP)*. Il est le co-auteur de
plusieurs ouvrages, notamment *Disciplined Agile Delivery, Refactoring Databases, Agile Modeling,
Agile Database Techniques* et *The Object Primer – Third Edition*. M. Ambler intervient dans de
nombreuses conférences. Il tient un blog à l'adresse ProjectManagement.com, et possède un
compte sur Twitter (@scottwambler).

Mark Lines est le vice-président de l'Agilité Maîtrisée (« Disciplined Agile » ou DA) au Project
Management Institute et un membre de l'Agilité Maîtrisée. Il est le cocréateur de la boîte à
outils DA et le co-auteur avec Scott Ambler de plusieurs ouvrages sur l'Agilité Maîtrisée. M. Lines
est souvent invité lors de conférences. Vous pouvez le suivre sur son compte Twitter (@mark_lines).